KB023673

안녕하십니까? 경기도지사 이재명입니다.

나이가 너무 어려 제 이름으로 취업할 수 없었던 소년공 시절, 몹시도 고달프고 외로웠던 저에게 일기장은 모든 비밀 이야기를 털어놓는 단짝 친구였습니다. 일기장과 함께했던 시절이 있었기에 오늘도 어려운 일이 있을 때마다 위로받고 용기 내곤 합니다. 여러분께 저의 단짝 친구를 소개할 기회를 얻어 영광입니다. 이 책과 더불어 항상 사람들의 예상을 뛰어넘곤 했던 천방지축 소년공 이재명을 만나러 지금 떠나 보실까요!

이 재명

이재명의
나의 소년공 다이어리

이재명의
나의 소년공 다이어리

이재명의 일기를
조정미가 읽고 쓰다

팬덤북스

Contents

프롤로그   '나의 소년공 다이어리'를 시작하며 • 6

다이어리 하나   가난과 그리움은 비례하는 것일까 • 15

다이어리 둘   나에게 성남이라는 곳 • 25

다이어리 셋   교복을 입고 싶었다, 교복을 갖고 싶었다 • 35

다이어리 넷   이름 없는 공장, 이름 없는 소년공 • 45

다이어리 다섯   어머니, 누나, 여동생 • 59

다이어리 여섯   차렷을 못하는 건 내 탓이야 • 71

다이어리 일곱   씨앗은 어둠 속에서 싹을 틔운다 • 85

다이어리 여덟   대학생 되기 프로젝트 • 97

다이어리 아홉   나의 첫 번째 자전거 • 109

다이어리 열   모르는 게 너무 많아서 • 117

다이어리 열하나   꽃보다 청춘 • 129

다이어리 열둘   먹고 싶을 때마다 과일을 먹는 꿈 • 143

다이어리 열셋   나에게도 좋아하는 여자가 생겼다 • 153

다이어리 열넷   재정에 밝아 재명인가 • 165

다이어리 열다섯   나의 소년공 시절 친구들 • 175

다이어리 열여섯   내가 좋아하는 것 • 187

다이어리 열일곱   아버지, 보고 싶습니다 • 197

다이어리 열여덟   일기를 쓴다는 것은 • 209

다이어리 열아홉   나의 꿈, 나의 바람 • 221

에필로그   다이어리 스물을 대신하여 • 232

소년공 이재명의 일기는 1979년부터 1988년까지 약 10년 간 써졌습니다. 노트 5권 분량이며, 1964년생인 그가 소년이 었던 열여섯 살부터 청년이었던 스물다섯 살까지 적은 기록 입니다. 그가 남긴 일기는 가장 괴롭고 힘들었던 시절에 집중 적으로 써졌습니다.

　소년 이재명은 고향인 안동시 예안면의 삼계초등학교를 졸업한 후 1976년 성남으로 이사를 하게 됩니다. 초등학교 3학년 때 집을 나간 아버지로부터 성남으로 오라는 연락이 왔기 때문입니다. 사실 처음부터 성남이라는 이름을 들었던 것은 아닙니다. 서울 변두리의 어느 곳이라는 이야기만 들었을 뿐입니다.

당시 성남은 도시 빈민들을 강제 철거하면서 만들어진 이주 지역으로, 가난한 사람들이 도시에서마저 쫓겨나 일거리 먹을거리 하나 찾기 어려운 곳이었습니다. 이곳에서 이재명의 가족은 살아남아야만 했습니다. 아버지는 청소부를 하며 고물을 주워 팔았고, 어머니는 상대원시장 변소를 지키며 요금을 받는 일을 했습니다.

형제들은 모두 학교를 다닐 수 없었습니다. 소년 이재명은 아직 정식으로 공장에 취직할 수 없는 나이여서 다른 사람 이름으로 공장에 다닙니다. 중학교 진학이란 있을 수도 없는 형편이었습니다. 그나마 안동에서 초등학교를 졸업한 것이 동생들보다는 나은 형편이었다고나 할까요.

아버지와 함께 살게 된 것은 지옥과도 같았습니다. 1979년부터 쓰기 시작한 소년 이재명의 일기 곳곳에는 아버지와 함께 사는 것에 대한 고통스러움이 묻어나 있습니다. 청소부 아버지는 새벽 3시에도, 새벽 4시 반에도 열여섯 살 아들을 깨웁니다. 쓰레기를 치우러 가자는 것입니다.

교복을 입고 학교에 가는 또래 아이들과는 달리, 한참 잠이 많은 나이인 소년 이재명은 작업복을 입고 아버지의 리어카를 밀며 새벽부터 일을 합니다. 빗속에서 작업복을 입은 채로 폐지를 치우다가 학교에 가는 교복 입은 여학생을 만날 때면 수치스러움에 아무 말도 하지 못하고 한참을 서 있어야만 했습니다.

이재명의 검정고시 수험표 사진

일기를 처음 쓰기 시작했던 1979년의 소년 이재명은 대입 검정고시를 앞두고 있는 상태였습니다. 대입 검정고시를 보기 위해 직장을 그만두고 다시는 돌아오지 않으리라 결심했건만, 합격해도 아무것도 변하지 않는 현실에 또 한 번 좌절했습니다. 그를 이끌거나 도와주는 이는 아무도 없었고, 프레스에 눌려 다친 팔은 점점 뒤틀리며 극심한 통증을 안겨다 주었습니다.

마지막 일기가 써진 1989년의 이재명은 사법 고시에 합격하여 사법 연수원을 다니고 있는 상황이었습니다. 판검사가 될 수 있을 만큼 좋은 성적에도 불구하고 성남의 가난한 사람들을 돕는 인권 변호사가 되겠다던 결심을 다잡는 일기로 마지막을 맺고 있습니다. 10년이라는 기간 동안 소년 이재명은 어떤 일들을 겪으며 하루하루를 살아갔을까요?

우리의 기억은 항상 뒤죽박죽입니다. 지나간 날들을 회고하노라면 마치 잘 편집된 드라마처럼 우리의 과거는 적절히 스토리텔링 되기 마련입니다.

사실 이재명 경기도지사의 이야기는 전형적인 자수성가형 스토리로 여러 지면에서 다루어진 바 있습니다. 또한 이곳저곳에서 이재명 지사의 입을 통해 이야기되었으며, 영상으로도 만들어졌고, 책으로도 출간되었습니다. 대부분 성공한 정치인들의 어린 시절 이야기는 위인전처럼 미화되고 조작되기

쉬운 면이 있습니다. 그래선지 그런 글들은 우리에게 MSG를 듬뿍 넣은 음식처럼 다가옵니다.

낡아 빠진 일곱 권의 일기장을 건네받은 필자는 한 장 한 장을 읽어 내기가 참으로 고통스러웠습니다. 불우한 환경에 처한 청소년이 하루 한 페이지씩 꽉꽉 채워 써 내려간 일기에는 분노와 절망이 담겨 있었기 때문입니다. 그러다 문득 생각해 보니 그 나이의 필자 역시 비슷한 분노와 좌절, 부모님에 대한 반항심으로 가득 차 있었더군요. 비로소 일기를 통해 소년 이재명을 충분히 이해할 수 있게 되었습니다.

이재명 지사가 이전까지 성남시에서 했던 일들이 대부분 청소년기에 겪었던 경험에서 비롯되었음을 깨달았습니다. 초년고생을 하고 자수성가한 사람들이 독하다고들 하는데, 독하다면 정말 제대로 독하다고 하겠습니다. 왜냐하면 어린 시절의 좌절과 고통스러웠던 기억들을 그대로 마음에 간직한 채로 정치가가 되어 이 시대의 청소년들과 청년들에게 솔루션을 안겨 주는 사람을 만나기란 쉽지가 않으니까요.

필자는 2018년 2월 1일부터 18주간 포털 사이트 다음의 '브런치'를 통해 〈나의 소년공 다이어리〉를 연재하였습니다.

소년 이재명의 일기에서 발견한 내용들을 중심으로 리얼한 이야기를 들려 드렸습니다. 그 기간은 8년간의 성남시장 시절을 마치고 경기도지사 선거에 출마하는 시간에 걸쳐 있었습니다. 혹독한 네거티브가 선거판을 뒤흔드는 과정 속에서 필자는 상처를 견디며 살아온 한 소년의 굽은 팔과 여린 마음을 만났습니다. 소년 이재명의 과거가 어른 이재명의 현재에 투영되는 시간의 간격을 통해 필자는 그의 진정성을 신뢰하게 되었습니다. 그것은 40여 년 전 써진 일기가 전달해 주는 메시지이기도 했습니다.

한 사람의 존재를 정의하자면 살아온 나날 동안 얻은 경험의 축적이라고 할 수도 있을 것입니다. 살아온 날들이 살아갈 힘이 되기도 하며, 살아온 날들이 짐이 되기도 합니다. 살아온 궤적이 살아갈 방향이 되기도 하지만, 이미 돌이킬 수 없는 길로 삶을 이끌기도 합니다. 그 과정에서 필요한 것이 자기 성찰입니다.

소년공 이재명은 실수를 많이 하고 조급하고 쉽게 좌절하고 문제점이 많지만, 매일매일 자신을 성찰하는 일기를 쓰며 반성하고 괴로워하고 여전히 떨치지 못하는 분노에 힘겨워하기도 합니다. 도저히 견딜 수 없을 고통의 끝에서 '희망'이라는 단어를 빚어내는 모습에는 신파라고 취급하기만은 어려운 진정성과 절실함이 묻어 있습니다. 이 모습들이 지금의 그를 이해하는 데 많은 도움이 되었으면 좋겠습니다. 지금도 여전히 고통스럽고 혼란한 미래에 두려움을 겪고 있는 이 땅의 모든 리틀 이재명에게 희망의 메시지가 되길 바랍니다.

필자는 여러분을 대신하여 소년 이재명의 일기를 읽고 이야기를 들려 드린 스토리텔러 조정미입니다.

나의 고향은 안동시 예안면 도촌리에 있는 지통마을입니다. 청량산 자락에 있는 지통마을은 안동이라고는 해도 사실 경상북도의 오지라고 알려진 봉화에 더 가깝습니다. 대대로 우리 집안이 살아온 곳이고, 할아버지와 할머니의 무덤도 있는 곳입니다. 부모님께서는 이곳에서 5남 4녀를 낳으셨지만, 누나 둘은 어려서 세상을 떠서 우리 형제들은 5남 2녀로 성장하였습니다.

내가 초등학교 3학년이 되었을 때 아버지는 집을 떠났습니다. 두 형과 누나도 집을 떠난 상태였기에 어머니는 혼자 힘으로 어린아이 넷을 키워야만 했습니다. 척박한 산골에서 어머니 혼자서 네 아이를 키우기란 너무나도 어려운 일이었습니다. 이 집 저 집 동정을 받아 가며 3년 동안 살았습니다.

초등학교를 졸업한 후 우리 식구들은 얼떨결에 고향을 떠나 성남으로 이사를 가서 아버지와 함께 모여 살게 됩니다. 그렇지만 나의 가슴속에서는 고향에 대한 기억이 사라지지 않았습니다.

고향! 이것은 인간에게 무한한 감정의 샘터인 것 같다. 영원히 잊지 못하는 것인 것이다. 고향을 생각하면서 어린 시절을 그리게 될 것이다. 나도 그런 세월이 있었다. 엄마 혼자서 우리 5형제 중 3남매를 가르치셨다. 나, 재선이 형, 재옥이, 재문이. 그땐 돈이 없어서 정말 고생했다. 엄마는 너무도 고생이 많았다.

- 1980년 7월 14일

그때 정말 돈이 없어서 어머니가 너무도 고생이 많으셨습니다. 그래도 나는 항상 고향을 생각하면서 어린 시절을 그리워합니다. 보리밥에 반찬이라고는 새카만 된장이 전부였습니다. 학교에 가져간 도시락은 짠지에 식어 빠져서 숟가락도 잘 들어가지 않는 시커먼 보리밥이었습니다. 그렇지만 수업이 끝나고 집으로 돌아올 때는 신이 났습니다. 덜그럭거리는 도시락을 책보에 싸 등에 매고 어머니를 부르며 집으로 달렸습니다.

뒷산 콩밭이나 고추밭을 매고 계시던 어머니는 햇볕에 그을린 검은 얼굴이었지만, 도시락 소리 딸각거리며 숨차게 달려오는 나를 발견하면 세상에서 가장 환한 웃음으로 반겨 주셨습니다. 그 환한 웃음은 마치 내가 세상에 존재해야만 할 이유를 알려 주는 것과 같았습니다.

더 이상 남아 있는 우리 땅이 없어 어머니께서는 남의 집 땅을 빌려 농사를 짓고, 남의 집 일을 해야 했습니다. 나도 돕겠다고 일요일이나 방학이면 호미를 들고 어머니를 따라 뒷산에 가서 콩밭도 매고 고추밭도 맸습니다. 잡초들은 어찌나 잘 자라던지요. 하루라도 매지 않으면 콩밭과 고추밭을 덮어 버릴 듯이 왕성하게 자라나는 잡풀들을 뽑아내고 호미로 흙을 부드럽게 해주는 일이 김매기입니다.

한번 김매기를 시작하면 어머니와 나는 한 마디도 하지 않고 한나절을 보냈습니다. 배 속에서 꼬르륵 소리가 들려올 즈음 어머니께서 허리를 펴고 일어서시며 "재명아, 밥 묵고 하자" 하면 그 목소리는 어찌나 반가웠던지요. 시원한 나무 그늘 밑에 앉아서 어머니와 나눠 먹던 식은 보리밥은 어찌나 맛이 좋았는지 모르겠습니다. 시장이 반찬이라지만, 어머니와 함께였기에 더 그랬을 겁니다.

성남으로 이사 와 아버지와 함께 살면서 그나마 형편이 좋아져 쌀밥에 고기반찬을 먹게 되었을지라도, 그때 어머니와 함께 먹었던 보리밥과는 비교할 수 없었습니다. 청량산의 맑은 공기와 새소리, 물소리 그리고 어머니와 단둘이 보냈던 행복한 추억으로 남아 있습니다.

보리밥에 새카만 된장을 먹고 학교에 가서 짠지를 반찬으로, 식은 시커먼 보리밥을 먹었을망정 집에 돌아올 땐 덜그럭거리는 도시락을 책보에 싸 등에 매고 엄마를 부르며 집으로 향해 달렸다. 어머니, 햇볕에 그을린 검은 얼굴에 그래도 웃음을 잃지 않고 열심히 뒷산 앞산 콩밭 고추밭을 매셨다.

일요일 방학이면 나도 엄마를 돕겠다고 호미 들고 엄마 따라 뒷산에 가서 콩밭도 매었다. 밭 매고 먹는 보리밥 맛이란 그리 좋을 수가 없었다. 지금 쌀밥에 고기반찬일지라도 그 맛에 비하면 따라갈 수가 없을 것이다.

- 1980년 7월 14일

어려운 형편에 초등학교를 다니기란 쉽지가 않았습니다. 언제나 돈이 문제였습니다. 어머니가 아무리 열심히 일해도 입에 풀칠하는 수준을 벗어나기 어려운 상황이었습니다. 크레파스니 물감이니 하는 학습 준비물을 가져가는 건 생각할 수도 없었습니다. 미술 시간이 되어 친구들이 교실 밖으로 그림을 그리러 나가면 나는 알아서 혼자 남아 청소를 했습니다.

이런 적도 있었습니다. 선생님께 감사의 뜻을 표하는 사은회를 열기 위해 학생들이 돈을 갹출했는데, 나는 돈을 낼 수가 없었습니다. 나를 포함하여 돈을 내지 못한 아이들은 사은회 시간 내내 아무것도 먹지 않았습니다. 선생님께서 몇 번이나 먹으라고 했지만 먹지 않았습니다. 돈을 낸 아이들의 시선 때문인지, 내 자존심 때문인지는 모르겠습니다.

정말 먹고 싶었습니다. 다른 아이들이 깨물어 먹는 자두의 새콤달콤한 향에 저도 모르게 입안에 침이 고였습니다. 침 넘기는 소리가 날까 염려가 되어 조심조심 침을 삼켰습니다. 끝내 우리는 욕망을 억제하지 못하였습니다. 사은회가 다 끝나고 다른 아이들이 모두 집으로 간 후, 우리는 간신히 억제하던 욕망을 해제해 버렸습니다. 우리는 선생님 몫으로 남겨 놓은

과일들을 게 눈 감추듯 전부 먹어 버렸습니다.

결코 완전 범죄가 되지 못할 사건이라 선생님한테 들킬 수밖에 없었습니다. 우리는 엎드려뻗쳐 자세로 엉덩이를 여러 대 맞았습니다. 선생님은 "먹으랄 땐 안 먹고 왜 훔쳐 먹느냐"며 혼을 내시더니 잠깐 기다리라며 밖으로 나가셨습니다. 선생님은 500원어치 과일을 더 사 와서 우리에게 먹으라고 하셨습니다. 훔쳐 먹은 짓은 야단맞아 마땅하지만, 자존심 때문에 먹지 않고 버티다가 결국 먹을 수밖에 없었던 우리의 마음을 이해해 주신 거죠.

나는 선생님이 사 주신 과일을 도무지 먹을 수가 없었습니다. 결국 못 먹고 그냥 집에 왔습니다.

한번은 육 학년 때 사은회 비슷한 게 있어서 전부 돈 몇 푼씩 내서 복숭아 사고 자두 사고 해서 모두들 맛있게 먹는데 나하고 몇몇 친구들은 돈이 없어서 못 샀기 때문에 자존심 때문에 먹지 않았다. 선생님이 권하는데도. 하지만 먹고 싶은 것은 참을 수가 없었다. 그래서 다 끝나고 선생님 몫으로 남겨 놓은 것을 전부 먹어 버리고 말았다. 선생님이 와서 화를 매우 내셨다. 먹으랄 땐 안 먹고 왜 훔쳐 먹느냐고. 물론 엎드려뻗쳐서 몇 대 맞았다. 나중엔 선생님이 500원어치 사 와서 먹으라고 했으나 어찌 그것을 먹을 수 있을까. 결국 못 먹고 집에 간 일이 있었다.

- 1980년 8월 3일

수학여행도 선생님들 덕분에 겨우 다녀왔습니다. 수학여행은 돈이 많이 든다고 생각한 나는 지레 못 간다고 말씀드렸습니다. 선생님께서 집으로 찾아오셔서 몇 시간이나 설득하여 결국 수학여행에 가게 해주셨습니다.

남들은 다 가져오는 준비물을 가져올 수 없고, 남들은 다 가는 수학여행에 선뜻 따라나설 수 없고, 수학여행을 가며 난생처음 신어 본 운동화는 아무리 아껴 신어도 금세 떨어진다는 것을 깨달아 버린 열두 살. 이런 경험들은 나를 너무 일찍 철들게 하였습니다.

수학여행 간다고 학교에서 우리 집에 선생님이 찾아오셨다(난 못 간다고 했기 때문이다). 그날 몇 시간 동안 이야기하다가 결국은 가게 되었다. 처음으로 운동화를 신어 봤다. 신발이 닳을까 봐 구석에 몰래 숨겨 놓고 신었다. 그 신발이 왜 그리 빨리 떨어지는지.

— 1980년 1월 8일

나에게 고향은 가난했지만 무한한 그리움이 있는 곳입니다. 어머니와 선생님, 친구들의 추억이 있는 곳입니다. 험한 일들을 하면서도 내가 초등학교를 졸업하도록 배려한 어머니의 마음, 엄하게 야단치면서도 과일을 사 먹이고 수학여행에 같이 가자고 집으로 찾아와 주신 선생님에 대한 추억이 남아 있는 곳입니다.

난 고향에 가 보고 싶다. 5년째에 접어들도록 난 한 번도 고향에 가 보지 못했다. 아버지가 못 가게 했고, 시간이 없고, 돈이 없었다. 이제 또다시 오리엔트 입사하면 언제나 한번 고향에 들르게 될지 의문이다.

푸른 산, 맑은 물, 깨끗한 공기는 나의 어린 시절을 멋있게 아름답게 만들었다. 영원히 잊을 수 없는 나의 고향 안동 도촌. 그곳의 친구는 사라졌을지라도 나의 고향 산천은 영원히 나를 따뜻이 반길 것이다.

- 1980년 7월 14일

　　평생 고향을 그리워하는 마음으로 살아왔습니다. 대학 시절 영어 수업 시간에 MBC 방송국에서 촬영을 나왔을 때 고향 친구들에게 혹시나 얼굴을 보일까 하여 목을 빼고 촬영을 한 적도 있습니다. 소심하고 내성적이라 창피하기도 했지만, 고향 친구들에게 내 모습을 보여 주고 싶은 간절한 마음 때문이었습니다. 그때 그 친구들이 실제로 내 모습을 보았는지는 모르겠습니다만, 그리움만은 간절한 고향이니까요.

Hearing 시간에는 MBC TV 방송국에서 나와 촬영을 해 갔다. 내일 뉴스에 방영한다고 한다. 난 또 내가 나오라고 고개를 될 수 있으면 들고 했다. 창피하게스리. 어쨌거나 중요한 것은 고향 친구들이 내 얼굴을 좀 보라고 한 것이다. 이 방송은 전국에 방송될 테니까.

- 1982년 4월 7일

내가 초등학교를 졸업하던 해 음력 2월 29일, 우리 집은 성남으로 이사 왔습니다. 정들었던 고향을 떠나 이름도 모르는 곳으로 이사 오던 날, 봄이 오려는 모양인지 비가 주룩주룩 한없이 내렸습니다. 그날 나는 눈이 아파 안대를 하고 있어서 더 앞이 깜깜했는지도 모르겠습니다. 성남에 도착해 보니 눈이 조금 오고 있었습니다.

아버지는 한동안 마음을 못 잡고 서울을 떠돌았지만 이제 가족을 성남으로 모이게 하여 다시 힘을 합해 살아 보자는 생각을 갖고 계셨습니다. 그렇게 해서 우리 가족은 이삿짐 보따리를 메고 이고 들며, 기차를 타고 버스를 타고 고갯길을 걷고 걸어서 아버지가 오라고 한 성남시 상대원동에 도착했습니다.

내가 초등학교 졸업하던 해 2월 음력 29일날 우린 성남으로 이사 왔었다. 이사 오던 날 비는 주룩주룩 한없이 내리고 나는 눈이 아파서 눈을 가리고 왔다. 한편 성남에서는 눈이 조금 오고 있었다.

- 1980년 1월 8일

하루 종일 걸려 겨우 도착한 우리 집은 참으로 낡고 누추한 곳이었습니다. 상대원동은 산업 공단이 들어선 곳이었고, 회색빛 작업복을 입은 공장 노동자들이 모여 사는 곳이었습니다. 우리 식구들이 상대원동에 살기 위해 그 머나먼 길을 떠나온 이유도 똑같습니다. 공장은 일할 사람을 필요로 하기 때문입니다.

처음 성남에 도착했을 때는 세상이 온통 회색빛만 같았습니다. 눈만 감으면 떠오르는 고향의 푸른 산, 맑은 물, 깨끗한 공기와는 너무나 다른 풍경이었습니다.

상대원동도 본래 이런 곳은 아니었습니다. 청량산과 검단

산 자락에 있는 아름다운 마을이었는데, 산업 공단이 들어서면서 많은 것이 변했습니다. 그나마 집 가까이에 사기막골 같은 골짜기가 있어서 나는 가슴이 답답해지면 형들과 함께 자주 놀러 갔습니다. 그곳은 과연 공장에서 뿜어져 나오는 답답한 공기와는 달리 시원함을 느낄 수 있는 곳이었습니다.

깨끗한 물과 공기에 대한 갈망은 고향을 향한 그리움으로 자리 잡았습니다. 안동에서 나는 여름철이면 계곡에서 풍덩풍덩 수영도 하고 낚시도 자주 하며 놀던 개구쟁이 소년이었습니다.

성남의 남북을 가로질러 흐르는 탄천과 개울들은 내가 알던 깨끗한 물이 아니었습니다. 냄새나는 곳에서 아이들과 어른들이 고기를 잡고 있는 모습이나, 회사 야유회로 놀러 나온 모습은 참 우습게 느껴졌습니다. 달리 갈 곳이 없어서겠지만, 그때마다 고향의 푸른 산과 맑은 물을 떠올리며 나만이 간직한 멋진 유년의 추억에 자부심을 느끼기도 하였습니다. 그런 마음의 고향인 안동이 있었기에 나는 성남에서 버티며 살아갈 수가 있었습니다.

방울낚시를 길에서 주웠다. 그것 가지고 판교로 갔다. 갈 때는 순 개울둑으로 해서 갔다. 개울 속에는 아이들과 어른들이 고기 잡고 있었다. 개울 따라 올라가는데 오리온광학인가 하는 회사에서 개울 중간 자갈밭에 눌러 와 있었다. 참 우습다. 그래 놀 곳이 없어서 냄새나는 이런 곳에서 놀다니.

조금 올라가서 저수지 비슷한 게 있어서 거기서 방울낚시에 돌 달고 찌 달고 해봤다. 또 미끼가 없어서 우렁이 비슷한 것 잡아 꿰어서 낚시질을 해보니 될 리가 없다. 집에 가서 갈 곳이 없어서 김이보네 집에 갔더니 아무도 아는 사람이 없었다. 이보는 동양공업사에 다니는데 10시가 넘어야 온다는 것이다. 그래서 그냥 집에 돌아왔다.

오늘 황사 현상 때문에 바람이 많이 분다. 시원하기도 하고 이상하게도 기분이 좋다. 이것이 봄바람이라는 것인가 보다.

- 1980년 5월 4일

우리 식구들은 상대원동에 뿌리를 내리고 그야말로 바닥 생활을 했습니다. 아버지는 상대원시장의 청소부로 일했고, 어머니는 상대원시장 변소에서 돈을 받는 일을 했습니다. 아버지는 청소부로 일하면서 폐지와 고물을 주웠습니다. 시멘트 포대는 깨끗이 털어 낸 후에 실밥을 풀어서 온 가족이 함께 봉투를 붙여 시장에 내다 팔았습니다. 폐지와 깡통은 고물상에 갖다주고 돈을 받았고, 쓸 만하다 싶은 물건은 집에 가져오셨습니다. 나는 그런 아버지를 쓰레기 장사라고 불렀습니다.

성남에서 다시 만난 아버지는 정말 돈밖에 모르는 사람 같았습니다. 그래도 한때 대학물을 먹었다는 아버지가 자식들을 학교로 보내지 않고 공장에 나가게 했으며, 행여 공장을 그만두고 집에서 쉬기라도 하면 무조건 아버지의 리어카를 밀어야 했습니다. 폐지를 주워야 했고, 쓰레기 더미를 치워야 했습니다.

그것이 아버지가 우리를 위해 할 수 있는 최선의 노력이자 사랑이었음을 깨달은 것은 오랜 후였습니다. 아버지는 쓰레기 더미에서 썩은 과일을 주워다 먹었고,《삼국지》같은 책을 챙겨다 자식들에게 읽혔습니다. 영어 공부 하라고 카세트도 주워 오셨던 기억이 납니다.

또 하나 성남에서의 가장 중요한 기억은 수도 없이 이사를 해야 했다는 사실입니다. 자기 집이 없는 도시 빈민의 삶이 으레 그랬겠지만, 그나마 우리 집은 돈 버는 일에 온 가족을

지하를 벗어나 처음 1층으로 이사한 날

동원했던 아버지 덕분(?)인지 조금씩 형편이 나아진 것이 다행이라면 다행입니다. 그 결과 우리 집은 성남으로 이사 온 지 4년 만에 200만 원짜리 전셋집으로 옮기게 됩니다.

4만 원짜리 월세를 살다가 전세로 옮겼으니 돈도 아끼고 좋은 일이긴 하였습니다. 다만 문제는 너무 헌 집이라 집 안이 쓰레기투성이고 쥐가 썩어서 뼈만 남을 정도였다는 것입니다. 그 와중에도 우리는 이왕 이사를 왔으니까 깨끗이 청소해서 살 만한 집으로 만들어 보자고 스스로를 위로하였습니다.

오늘은 이사하는 날이다. 아침부터 이것저것 날라서 차에 싣고 보니 많기도 많았다. 잘 먹고살지도 못하는 살림에 무슨 놈의 이삿짐은 그리도 많은지. 집으로 와 보니 이건 집인지 마구간인지 분간키 어렵다. 온 집 안이 쓰레기투성이고 거기다가 쥐가 썩어서 뼈가 남아 있었다. 차라리 그 집에서 살았으면 더 나았으리라. 하지만 200만 원 전세니까 월 4만 원 이익이긴 하다.

우리도 언제 이사 안 다니고 살게 될지 의문스럽다. 하기야 6개월 후에 우리 집 산다고 하지만 그건 확실한 이야기가 될 수 없다. 어쨌든 이살 왔으니 깨끗이 쓸고 닦고 하면 그런대로 살 만할 것 같다. 오후엔 할 일이 없어서 학원엘

갔다.

- 1980년 8월 31일

그렇게 노력했음에도 세월은 그리 쉽게 흘러가지 않았습니다. 쓸고 닦으며 살아 보려고 노력했던 200만 원짜리 전셋집은 겨울이 되자 너무 추워서 살 수가 없었습니다. 결국 이사 간 지 5달 만에 한겨울 이사를 해야만 했습니다. 흙수저도 아닌 무수저로 살아간다는 특징은 무엇 하나 문제가 쉽게 풀리지 않는다는 점일 것입니다.

하지만 참으로 희한하게도 상대원 고갯길을 순전 깡으로 헉헉 숨을 몰아쉬며 자전거 페달을 밟아 올라가면, 그 극한 고통의 끝에는 기쁨과 성취감이 기다리고 있었습니다. 생각지 못했던 새로운 길이 열리곤 하였습니다. 물론 고통은 한 번으로 끝나지 않았습니다. 한 고개만 넘으면 될 것 같아도 다음엔 꼭 다른 일들이 나타나곤 했습니다.

성남이라는 곳은 나에게 참으로 험한 세상을 경험하게 하였습니다. 나의 일기는 당시 험한 세월을 온몸으로 겪어 내던 과정에 대한 소소하고 꼼꼼한 기록입니다. 소심한 성격에 외롭고 고독했던 그때의 나에게 일기는 마음을 털어놓을 유일한 통로였던 셈입니다. 일기 속 수많은 기억들로 아로새겨진 성남은 나에게 두 번째 고향입니다.

다이어리 셋,
교복을 입고 싶었다, 교복을 갖고 싶었다

흔히들 중·고등학교 시절의 추억은 교복을 입은 모습으로
남습니다. 나의 청소년 시절은 교복을 입지 못한 상처로 얼룩
져 있습니다. 나는 학교 대신 공장에 다녀야 해서 교복이 아
닌 작업복을 입었습니다.

그때 상대원동에 살던 청소년들이 모두 공장에 다녔다면
차라리 좀 나았을지도 모르겠지만, 모두가 그렇지는 않았습
니다. 우연히 버스에서 새하얀 교복 칼라의 여학생들과 마주
치면 나는 그들과는 전혀 다른 삶의 처지에 놓여 있다는 사실
을 깨닫곤 하였습니다.

재영이 형 병적 증명서도 뗄 겸 수원 병무청에 갔다. 병무청에서 2통 뗀 다음에 9번 타고 안양으로 해서 오는데 여학생들이 차에 탔다. 관악 공장 들러서 의료보험 카드 재신청서 주고 집에 왔다. 오는 길에 중학생들이 헌인능에 소풍 갔다 오는 애들이 있었다. 난 교복 하나 입어 보지 못했고 앞으로도 못할 것이다. 생각하면 내 신세도 한심하다.

- 1980년 5월 3일

이런 증상은 대입 검정고시 시험공부를 위해 오리엔트 공장을 그만두었던 1980년 봄에 가장 심해졌습니다. 좋은 성적으로 합격하였지만 아무것도 달라지지 않았습니다. 나는 그저 아무 소속도 없는 백수였습니다.

백수 아들이 집구석에서 노는 꼴을 도저히 볼 수 없었던 아버지는 매일 새벽 쓰레기를 치우게 하였습니다. 지금 와서 생각해 보면 집에서 노느니 아버지 일을 돕는 것이 당연했지만, 당시 열일곱 살 청소년이었던 나는 너무나 창피했습니다. 아버지가 일부러 망신을 준다고 생각했습니다.

어느 날 쓰레기 치우러 새벽 3시에 나갔다가 동네에서 알고 지내던 여학생을 마주쳤습니다. 여학생의 이름은 귀녀였습니다. 새벽녘 가로등 불빛 아래에서 교복 입은 모습이 꽤 잘 어울렸습니다. 작업복 차림으로 폐지를 들고 있는 내 자신이 너무 초라하게 느껴졌습니다. 아무 말도 하지 못하고 뒷모습만 물끄러미 바라보았습니다.

> 오늘도 직장 없고 해서 놀고 있는 실정이다. 아침에 쓰레기 치러 3시에 나갔다가 귀녀를 만났다. 교복 입은 폼이 꽤 잘 어울렸다. 난 쓰레기에서 나온 마분지를 들고 있어서 매우 초라했다. "우리 아버지가 쓰레기 장사야" 참 창피했다. 다른 때 만났으면 내 합격 이야기, 학교(걔가 다니는) 이야기도 할 텐데 아무 이야기도 못 했다. 그때가 5시 좀 넘었다. 언제 또 다시 만났으면……
>
> - 1980년 5월 24일

그날 겪었던 안타까움과 창피함 때문이었을까요. 하루는 괜스레 슬퍼져서 집 밖으로 뛰쳐나가 한참을 울었습니다. 한참을 울다가 내일 아침에 꼭 귀녀를 만나러 가야겠다 결심하고 집으로 들어왔습니다. 엄마한테 4시 30분에 깨워 달라고 부탁을 했지만, 다음 날 새벽이 되자 모든 게 귀찮아져서 그냥 자 버렸습니다. 도대체 무슨 감정의 변덕일까요. 열일곱 살의 나는 그날 일기장에 "내가 우는 것은 사춘기 과도적 시기의 표현만은 아니다"라고 써 놓았습니다. 합리화일까요, 변명일까요.

요즘은 공부도 안 하고 빈둥빈둥 놀기만 한다. 이래선 안 되는데 나도 모르게 방황하게 되는 것이다. 밤에 아버지가 나오라 했다. 쓰레기 치러. 나가서 종이를 줍고 나니 박스가 많이 나와서 그냥 들어갈 테니 아버지 리어카에 싣고 들어오라고 했더니 그냥 막무가내로 갖고 들어가라고 했다. 신경질 나서 식식거리며 들고 들어왔다.

집에 들어오니 재선이 형이 공부하고 있었다. 괜히 슬픈 생각이 들어서 바깥에 나가서 누워 가지고 한참 울었다. 내가 우는 것은 사춘기 과도적 시기의 표현만은 아니다. 한참 울다가 집으로 들어오니 재선이 형은 자고 있었다. 엄마보고 4:30에 깨워 달라고 했다. 왜냐하면 아침 일찍 일어나 귀녀를 만나러 가려고 생각했던 것이다. 하지만 4:30에 엄마가 깨우자 귀찮아져서 그냥 잤다.

— 1980년 6월 6일

나는 교복 한번 입어 보지 못한 처량한 신세를 벗어나고 싶었습니다. 그렇지만 아무리 긍정적으로 살아 보려고 마음을 먹은들 작심삼일이었습니다. 나름대로 치밀한 자살 기도도 해봤지만, 연탄불이 어이없이 꺼져 버리거나 약국에서 산 수면제가 가짜였습니다.

고민 끝에 나는 대학에 가기로 결심하였습니다. 아버지가 가라고 하는 야간 대학이나 전문 대학이 아니라, 4년제 주간 대학에 가기로 마음먹었습니다. 교복을 입지 못하는 청소년의 설움을 깨끗이 씻어 버리고 싶었던 것입니다.

집안에 재미라곤 하나도 없고 처음부터 끝까지 돈돈! 예시 발표가 있었다. 허지만 내겐 상관이 없다. 대학 진학은 포기했고 죽음을 택하기로 한 상태니까. 나도 한번 열심히 살아서 아버지에게 보이고 싶고, 또한 교복 한번 입어 보지 못한 내 신세가 처량해서 즐거운 학창 시절 한번 갖고 싶은 것이다.

－1980년 7월 7일

그날 저녁엔 학원에 더 다녀서 차를 탔는데 차장이 학생증 보여 달라기에 수강증을 보여 줬더니 수강증은 안 된다고 하기에 학생이 어디 교복 입어야 학생이냐고 대들었더니 아무 말도 하지 않았다.

－1981년 3월 27일

제대로 중·고등학교 과정을 거치지 못한 검정고시생이 대학에 들어가기란 결코 쉬운 일이 아니었습니다만, 마침내 중앙대학교 법과 대학에 입학하게 됩니다. 더욱이 학비뿐만 아니라 생활비까지 한 달에 20만 원을 지원받아 마음 놓고 학교에 다니게 되었습니다.

너무나도 가슴 벅찬 대학 입학식 날 엄마와 찍었던 사진 속의 나는 교복을 입고 있습니다. 마치 일제 강점기 시대 대학생 같은 모습입니다. 대학에 합격하자 나는 서울 한복판 종로 2가에서 교복을 맞췄습니다. 평생 처음으로 갖게 된 나만의 교복이었습니다.

며칠 후 완성된 교복을 찾아 입어 본 감상은 어땠을까요? 감격의 눈물을 흘렸을까요? 기뻐서 크게 웃음을 터뜨렸을까요? 모두 아니었습니다. 처음 입어 보는 교복 차림이 몹시 쑥스러웠을 뿐입니다.

중앙대학교 입학식 날,
교복을 맞춰 입고 어머니와 함께 찍은 기념사진

오늘은 교복을 찾는 날이기 때문에 겸사겸사해 누나 집도 갔다가 삼촌 집에도 가려 한다. 서울도 하도 가 보지 않아서 차를 어디서 타는지도 잘 몰라서 한참 헤매고 다녔다. 겨우 옷을 찾아 가지고 수유리로 가려고 하니 종로 2가에선 차가 없어서 2코스를 타려고 마음먹고 전철을 타고 제기동에서 내려서 지리를 몰라서 한참 헤매고 다녔다. 몇 시간 헤매고 나서 겨우 차를 탈 수 있었다. 집에 와서 교복을 입어 보니 이수일이 같아서 이상했다.

- 1982년 2월 18일

어색하고 쑥스러우면서도 나는 교복을 입고 입학식에 갔습니다. 아침 일찍 일어나 교복 차림으로 엄마와 형과 함께 버스를 타고 학교로 갔습니다. 버스 안에 있는 모든 사람이 나만 쳐다보는 듯한 이상한 기분이 들었습니다. 그럴 수밖에요. 1982년도 대학 입학식에는 전혀 어울리지 않는 옷차림이었으니까요.

맞춤 교복 대신 평소 입을 수 있는 옷을 사는 편이 효율적이었지만, 그만큼 교복에 대한 나의 갈망은 컸습니다. 진심으로 교복을 입고 싶었고, 교복을 갖고 싶었습니다. 이런 경험을 갖고 있는 나는 요즘도 비싼 교복으로 고민하는 청소년들에게 유난히 마음이 쓰이는 것이 사실입니다. 청소년들이 교복 고민에서 완전히 풀려나는 우리 사회를 만들고 싶습니다. 그 마음, 제가 너무 잘 알고 있으니 말입니다.

다이어리 넷,

이름 없는 공장, 이름 없는 소년공

성남에 온 후로 나는 학교를 다니지 못하고 공장에 다녔습니다. 나의 소년공 시절이 시작된 것입니다. 나는 이재명이라는 이름으로 공장을 다니지 못했습니다. 공장에 다닐 수 있는 나이가 아니었기 때문입니다.

시골에서 갓 상경한 열네 살짜리 소년공이 처음 다녔던 공장은 이름도 없는 가내 수공업 목걸이 공장이었습니다. 상대원동에서 창곡동까지 고개를 두 개 넘어 약 20리 길을 걸어 다녔습니다. 불 위에서 끓는 납의 증기를 들이마시거나, 큰 화상을 입을 수도 있는 염산을 다루는 열악한 환경에서 일했습니다.

월급은 한 달에 1만 원. 요즘으로 치면 월 8만 원 정도라는 말도 안 되는 금액이었습니다. 1년쯤 다녔는데 그나마 3달 치는 억울하게 떼이고 말았습니다. 사장이 야반도주를 한 것입니다. 이름도 없는 소년공이 이름도 없는 공장에서 떼인 월급을 돌려받기란 불가능한 일이었습니다.

두 번째로 다닌 공장은 그래도 이름이 있는 동마고무라는 곳이었습니다. 일하는 환경은 훨씬 위험했습니다. 회전하는 원통형 샌드페이퍼(사포)에 고무 제품을 마찰시켜 표면을 다듬는 작업이었습니다. 월급은 조금 나아져서 한 달에 1만 8천 원을 받았습니다. 그래 봤자 요즘 돈으로 14만 5천 원 정도밖에 안 되지요. 위험한 환경에 비해 너무 적은 월급이었습니다. 결국 6개월을 다니고 그만두었습니다.

나는 동마고무에서 첫 번째 산재를 당하였습니다. 벨트 속으로 손가락이 말려 들어간 것입니다. 회사에서는 부주의해서 손을 다쳤다며 모두 내 탓으로 돌렸고, 손을 치료하는 동안 월급을 받지 못했습니다. 노동자의 당연한 권리는 아무도 이야기하지 않던 시절이었습니다. 나는 한 푼이라도 벌기 위해 다친 손을 붕대로 싸맨 채로 한 손으로 할 수 있는 시다 일을 해야 했습니다. 지금도 지문 없는 내 손가락에는 상처와 함께 아물어 버린 까만 고무 가루들이 수없이 박혀 있습니다.

세 번째 공장은 냉장고를 만드는 아주냉동이었습니다. 월급은 많이 주는 편이어서 7만 5천 원(요즘 물가로 60만 원)이나 받았습니다. 이곳에선 손가락이 벨트에 말려 들어가지는 않았지만, 함석을 가위로 자르는 일도 쉽지만은 않았습니다. 날카로운 함석 절단면에 긁혀 온몸이 상처투성이가 되었습니다. 그나마 월급이 많이 올라서 좋았습니다.

규모도 좀 있는 회사여서 다양한 사람을 만날 수 있었습니다. 그중에는 야간에 고등 공민학교를 다니는 사람도 있었습니다. 나도 다니고 싶다는 이야기를 하자 아버지가 그런 생각은 하지도 말라고 해서 건넌방으로 건너가 한없이 울었던 기억이 납니다. 3년이나 다녀야 하고, 결국 자격을 얻기 위해선 검정고시도 봐야 한다는 것이 반대하는 이유였습니다.

아주냉동은 금방 망해 버려서 다른 공장으로 옮겨야 했습니다. 네 번째 공장은 야구 글러브와 스키 장갑을 만드는 대양실업이라는 곳이었습니다. 나는 잠시 보조 역할을 하다가 프레스공으로 일하게 되었습니다. 나름대로 손재주가 있다고 인정을 받아 비로소 기능공으로 일하게 된 것입니다.

프레스공은 야구 글러브에 쓰이는 가죽을 재단하는 작업을 합니다. 손으로 가죽 원단을 밀어 넣고 발로 페달을 밟으면서 손을 잽싸게 빼면, 칼날이 박힌 프레스가 떨어지며 순식간에 가죽이 잘립니다. 이때 까딱 실수하면 사고가 날 수 있는데, 불행히도 나에게 발생하고 말았습니다. 다행히 손이 잘리지는 않았지만 손목이 프레스에 눌린 것입니다. 이것이 내가 당한 두 번째 산재입니다.

처음엔 그저 타박상을 입었다고 생각했습니다. 그래서 특별한 치료를 받지 않았습니다. 실제로는 손목뼈 하나가 부러진 상태였습니다. 만약 회사에서 나를 병원에 데려가서 엑스레이라도 찍었다면 골절을 확인했을 텐데, 아무도 병원에 가보란 소리를 하지 않았습니다. 이때 부러진 손목뼈 하나가 내 인생을 여러모로 바꾸어 놓았습니다.

당시 나는 굳이 고등 공민학교를 다닐 필요 없이 학원에서 공부하여 검정고시를 보면 된다는 것을 알았습니다. 물론 학원 다니기도 쉽지 않았습니다. 학원에 다니려면 30분 먼저 퇴근해야 했는데, 회사에서 허락을 해주지 않았습니다.

그런데 이게 무슨 우연일까요. 사고가 있은 지 얼마 후 회사 퇴근 시간이 30분 앞당겨졌습니다. 그렇게 해서 학원에 다니기 시작했고, 나는 겨우 3개월 만에 고입 검정고시를 봐서 합격을 하였습니다. 3년 걸릴 단계를 3개월에 돌파하여 나는 중학교 과정을 통과하였습니다.

합격은 기쁜 일이었지만, 시험이 끝나고 나니 나는 백수가 되어 있었습니다. 시험공부에 전념하기 위해 시험 한 달 전에 대양실업을 그만두었기 때문입니다. 몇 달을 기다린 끝에 대양실업에 다시 들어갔으나 5개월 만에 망하는 바람에 다시 백수가 되었습니다. 나는 또다시 아버지에게 들볶여야만 했습니다.

얼마 후 나는 시계 회사인 오리엔트에 입사하였습니다. 오리엔트는 내 소년공 시절의 네 번째 회사이고, 그때까지 다녔던 공장 중에서는 가장 큰 곳입니다. 가끔 시계가 특별 보너스로 나와서 엄마한테 선물로 줄 수도 있었습니다. 지금 생각해 보면 재고로 남은 시계를 나누어 주면서 내는 생색이었겠지만, 엄마한테 번듯한 시계를 선물할 수 있어서 행복했습니다.

이때까지도 나의 이름을 쓰지 못하였습니다. 이전 직장에

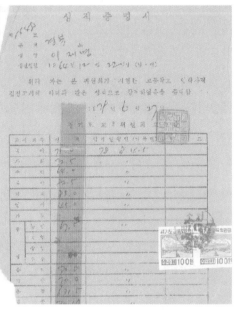

이재명의 고입 검정고시 성적 증명서

서는 박승호였고, 오리엔트에서의 이름은 권영웅이었습니다. 이 시절의 나는 내 이름보다 남의 이름으로 불리는 것이 더 익숙하였습니다. 가면을 쓴 삶의 이중성이 안겨 주는 정체성 혼란이었겠지요.

오리엔트를 다니면서 나는 학원에 가며 대입 검정고시를 준비하였는데, 어느 날 교육청에서 실시한 설문 조사에 엉뚱하게도 내 이름이 아닌 다른 이름을 써낸 적도 있습니다. 도대체 권중현이라는 이름은 어디서 생겨났을까요? 남의 이름을 사용하는 공돌이로 살아가는 나의 인생은 너무나도 답답하고 암담하였습니다.

요즘은 이상하게 가슴이 아프고 숨이 막힌다. 회사에서 몇 번씩이나 옥상에 올라가서 바람 쐬고 왔다. 저녁은 회사에서 먹고 학원 갔다 와서 오늘은 3시 반까지 공부할려고 맘먹고 2시까지 했는데, 아버지가 들어와서는 전기 30W짜리 쓴다고 야단을 치길래 나도 요즘은 괜히 신경질이 나 아버지에게 말대꾸를 했다. 아버지는 끝내 나를 때렸다. 나는 웃지 않으리라 맘먹었다.

— 1980년 1월 8일

오리엔트 공장 시절, 공장 동료들과 야유회 간 날

나의 소년공 시절, 왜 그렇게 공부를 하고 싶었을까요? 내 이름도 쓰지 못하고 지내는 공돌이 생활을 탈피해야만 한다는 생각과 함께, 내 이름 석 자가 제대로 사용되는 유일한 기회였기 때문일 것입니다.

아이러니하게도 공장에서 진짜 내 이름을 쓰게 된 것은 1980년 7월 대입 검정고시에 합격하고 오리엔트에 재입사하면서였습니다. 대입 검정고시에 합격하고 난 이후 나는 대양실업에서 다친 팔이 점점 아파 왔습니다. 아버지는 나보고 직접 돈을 벌어서 팔을 고치라고 했습니다. 어쩔 도리 없이 나는 다시는 돌아오지 않겠다고 큰소리 떵떵 치고 나온 공장에 재입사했습니다.

정말 난 지금 어찌할 줄을 모른다. 지금 내 계획은 올해는 어물쩍 넘기고 내년부터 공부할려고 마음먹었다. 하지만 어쩔 수 없이 마음은 흔들린다. 공부한다고 난 시작했으나 팔의 아픔에 마음을 바꾼 나다. 지금은 팔이 더욱 아프나 누가 내게 오리엔트 다니면서 뭐 할 거냐고 묻는다면 난 대답을 못하리라.

사실 나는 확실한 목표가 없다. 무엇을 하겠다는 의지도 없다. 공부를 하겠다고 책상 앞에 앉기만 하면 공부하기가 싫어진다. 그러면서도 평생 공돌이로

썩고 싶은 생각도 없다. 나 자신도 나의 두뇌를 조금은 믿는다. 그래서 그런지 대학을 갈려면 좋은 대학에 가야 한다는 가치관이 나의 가슴의 한구석에 자리 잡고 있다. 하지만 이것은 허황된 꿈일지도 모른다. 어떻게든지 이 꿈은 현실화시켜야 할 텐데 나에겐 그런 능력이 있을까.

- 1980년 7월 30일

권영웅이란 남의 이름으로 다니던 공장을 큰소리치고 그만뒀던 내가 이재명이란 진짜 이름으로 다시 입사한다는 것은 상당히 곤란한 상황이었습니다. 나는 사람들의 시선이 따갑게 느껴졌지만, 일부러 아무렇지도 않은 듯이 공장에서 막 떠들고 놀았습니다. 창피해한다는 사실을 나 자신에게 속이기 위한 수단이었습니다. 웃음은 소년공 이재명이 5년이 넘도록 공장에 다니면서 배운 처세술이었습니다. 그 웃음에 나 자신의 진짜 모습이 들어 있지는 않았습니다.

사람이 사는 데 그저 웃음이 최고다. 회사에 5년 다 되도록 다니면서 배운 게 그것이다. 웃음! 이것은 인간을 인간답게 하는 것 같다. 헌데 내 경우는 진실된 웃음이 아니라 속 다르고 겉 다른 웃음이니 한심한 일이다. 이제 그런 웃음은 되도록 웃지 않도록 해야겠다.

- 1980년 7월 21일

출근을 하니 직장이 모이라 해서 전부 모였다. 직장이 몇 마디 하다가 다 들어가고 특근 안 한 사람만 남으라 했다. 내 차례가 되어서 잔소리가 시작됐다. 난 그저 고개 푹 수그리고 미안해서 실실 웃어넘겼다. 한데 그것이 또 화근. 직장이 화가 나서 그만두라는 말까지 했다. 정말 너무하는구나 하고 생각이 들었지만 그저 이빨 꽉 물고 참고 참았다. 치사하고 아니꼽지만 내 팔 고치는 것이 중요하므로 그저 참는다.

- 1980년 8월 18일

소년공 시절 나에게는 두 개의 가면이 있었습니다. 하나는 내 이름으로 살아가지 못한다는 것. 또 다른 하나는 공돌이로 살아가기 위해 거짓 웃음을 짓는다는 것. 나는 나름대로 인정 받는 유능한 공돌이였지만, 평생 공돌이로 살아가고 싶은 생각은 결단코 없었습니다. 그것이 나에게는 유일한 힘이었을지도 모릅니다. 남들은 6년 걸린다는 중·고등학교 과정을 불과 2년 만에 검정고시로 통과했다는 사실, 더욱이 남들보다 좋은 성적으로 통과했다는 사실은 자신감을 갖는 계기가 되었습니다.

과연 어떻게 해야 공돌이 생활을 탈피할 수 있을까요? 세상이 나에게 씌워 놓은 가면들을 어떻게 해야 벗어던지고 진정한 나로 살아갈까요? 과연 나에게 그런 능력이 있을까요? 나에겐 누군가의 도움이 필요했지만, 그 자리엔 아무도 없었습니다.

그렇다고 포기할 수는 없었습니다. 수없이 많은 고민들이 나의 머릿속을 어지럽혔습니다. 하지만 내일이 오늘보다는 나을 거라는 희망의 불씨가 아주 사라져 버리지는 않았습니다. 그 작은 불씨가 나의 삶을 가까스로 지탱해 주었습니다. 모든 상황을 애써 합리화하며 용기를 내보려 안간힘을 쓰는 내 모습을 일기장에서 발견할 때마다 코끝이 찡해지곤 합니다.

하기야 여태까지 공부도 하지 않은 판국에 이런 걱정 하는 나도 뭔가 잘못된 아이가 아닐까? 집에서 대학교 보내 줄 리는 만무고 내가 천상 벌어서 가야 되는데 이제 어떻게 할 것인가. 우선 나의 앞길을 생각해 보면 공돌이 노릇을 평생 한다는 것은 있을 수 없는 것이고, 그렇다고 대학교 가는 것도 어렵다. 재!

그러니 어찌해야 하는가는 재명아 결정해라. 아니, 어렵다는 것은 가능성이 있

다는 것인지도 모른다. 이제부터 한번 해볼까?

- 1980년 8월 20일

다이어리 다섯,
어머니, 누나, 여동생

대학교 1학년 시절, 시내버스 안에서 마주쳤던 어린 버스 안내양을 기억합니다. 서투른 견습생이었는지 무슨 실수를 했나 봅니다. 남자 승객은 큰 소리로 안내양을 야단쳤습니다. 버스 기사는 승객을 말리기는커녕 더 큰 소리로 안내양을 윽박질렀습니다. 안내양은 공포에 질려 울고만 있었는데, 꼭 내 여동생 재옥이 또래였습니다.

재옥이도 버스 안내양이 될 뻔했습니다. 재옥이는 어머니 일을 도우면서 우리 집에서 유일하게 중학교까지 다녔습니다만, 고등학교에는 가지 못했습니다. 아버지는 중학교 졸업한 재옥이를 버스 안내양을 시키려고 했습니다. 재옥이는 버스 안내양은 죽어도 싫다며 공장에 들어갔습니다.

공장도 험하기는 마찬가지인데 왜 공장에 갔을까요? 재옥이는 나만큼이나 자존심이 셌던 것 같습니다. 교복 입은 친구들을 언제라도 마주칠 수 있는 버스 안내양은 나도 못 한다고 했을 겁니다.

재옥이는 공장에 들어간 첫해 어버이날에 자신이 일해서 번 돈으로 카네이션을 사 왔습니다. 아버지가 고맙다고 말씀이라도 해주셨으면 좋으련만, "뭐 하러 돈 들여 이런 걸 샀느냐"고 되레 야단을 쳤습니다. 지금 생각해 보면 아버지도 속이 편치는 않으셨던 듯합니다.

아마 견습 안내양인지 실수를 좀 했다고 손님이란 자식도 화를 막 내고 운전사도 난리를 쳐 대는데 안내양은 울고 있었다. 재옥이 생각을 하니 아찔하다. 재옥이도 아버지가 회사 안 보내고 안내양을 시키려고 했는데 재옥이가 안 한다고 했다. 지금은 회사에 다니고 있지만 회사도 역시 마찬가지이다.

— 1982년 3월 9일

낮에 할 일도 없고 집에 있자니 아버지가 보기 싫고 해서 자전거 타고 재옥이 회사도 알아볼 겸 공단을 죽 돌아보고 다녔다. 마땅한 자리가 없어서 영원무역이나 제 친구가 다닌다는 신생 회사에 가 보라고 했다. 나중에 학교 갈 생각도 해야 하니 회사는 제대로 돼먹은 회사에 다녀야 한다.

- 1982년 2월 17일

누나는 고향에서 같은 동네 사는 총각과 결혼을 했습니다. 매형은 참으로 마음씨가 착한 사람이었지만 돈벌이에는 영 소질이 없었습니다. 누나네 식구들도 고향을 떠나 성남에 와서 우리 집 가까이에 살았습니다.

나는 집에 있기 싫을 때면 자주 누나네 집에 놀러 가곤 했습니다. 조카들과 놀아 주기도 하고 밥도 얻어먹고 이야기도 나누었습니다. 아버지 잔소리로 분위기가 삭막한 우리 집과는 달리 누나네 집에서는 왠지 모를 따뜻함이 느껴졌습니다. 아마도 누나와 매형이 서로 아끼고 사랑했기 때문일 겁니다.

이재명의 가족사진

아침에 잠을 자고 있는데 10시쯤 돼서 매형이 와서 깨웠다. 본드를 찾고 있었다. 누나의 고무장갑을 때우려고 헌 고무장갑하고 같이 가져왔다. 한참 헤매다가 지하실에서 찾았다. 매형이 고무장갑 때워 가지고 간 다음 생각하니 매형은 누나에게 정말 잘해 주는 것 같다. 아버지 같으면 어림없는 일이다.

- 1982년 2월 25일

아무리 서로 사랑한다 해도 경제 문제는 넘어서기 어려운 난관이었습니다. 매형은 일자리를 얻지 못해 참외 장사를 했으나 잘되지 않았고, 결국 머나먼 사우디아라비아에 일을 하러 갔습니다. 그 사이 누나는 혼자서 아이들을 키워야 했습니다.

다른 사람들은 중동에 가서 돈을 많이 벌었다는데, 우리 매형은 그러지도 못했습니다. 중간에 한 번 집에 다니러 온 매형의 매우 야윈 모습에 가슴이 아팠습니다. 잘 적응을 못해서인지 결국 매형은 한국으로 돌아왔습니다.

워낙 금슬 좋은 부부인지라 누나와 매형은 다시 만나자마자 셋째를 낳았습니다. 한 생명의 탄생은 분명 축복받아야 하지만, 가난 앞에서는 때로 비극이 되기도 합니다. 누나는 셋째 아들인 장호의 백일에 온 가족이 모인 자리에서 울음을 터뜨렸습니다. 눈물을 흘리며 자신의 생활을 한탄하는 누나를 바라보는 매형의 기죽은 표정은 누나를 더욱 서럽게 만들었습니다.

그러고 보면 15일이 장호의 백일날이었다. 이날에 누나는 결국 울음을 터트려 자기의 생활을 한탄해하고 말았으며, 매형의 그 기죽은 표정은 누나를 서럽게 했었다. 그전에 매형은 시골로 내려가 농사를 지을 것이라 했으며, 이에 대해 누나는 반대하는 등 한참 시끄러웠었다.

결국 지금은 누나도 시골로 가기로 결정하는 것 같지만 세상 사는 것이 그렇게 어렵고 어려운 것임을 누나 가족의 생활을 통해 알게 되었다. 매형 가족의 생활이 지금에 있어서는 내 가족 누구에게나 걱정이 많은 것은 쓸데없는 나의 과민 반응만은 아닐 것이다.

- 1985년 10월 18일

우리 어머니도 정말 고생을 많이 하셨습니다. 아버지가 집안을 잘 돌보지 못해 정든 고향을 떠나 낯선 타향에서 고생하며 살아가야 했습니다. 아버지는 그야말로 상남자인지라 한

번도 기세가 꺾여 본 적이 없었고, 어머니는 아버지 뜻을 순순히 따를 수밖에 없었습니다. 그래서 어머니는 가끔 술을 드시고는 신세 한탄을 하셨습니다.

어머니는 상대원시장 변소에서 돈 받는 일을 하시면서 집에서는 틈틈이 봉투를 만들어 시장에 내다 팔았습니다. 살림하랴, 돈 벌랴 항상 바쁘고 힘드셨지만 어머니는 자식들을 따뜻하게 보살펴 주셨습니다.

내가 밤늦게 학원에서 공부하고 돌아오면 밥을 차려 주셨고, 형의 생일날 아침에 식은 밥을 먹여 보낸 것을 내내 안쓰러워하시기도 했습니다. 내가 팔을 다쳤을 때 어머니는 한 손에는 도시락을 들고 한 손으로는 내 손을 꼭 잡은 채 매일 공장까지 데려다주셨습니다.

어머니가 번 돈은 모두 살림에 빠듯하게 쓰여서 어머니에게는 전혀 경제적인 여유가 없었습니다. 그런 상황인데도 쌈 짓돈을 모아 놓았다가 시집 간 누나의 생일 선물로 신발 한 켤레를 사 주셨습니다. 나의 대입 검정고시 원서에 쓸 도장을 새기라고 1천 원을 내주신 분도 어머니입니다.

요즘 매형은 어저껜 회사 찾으러 가고, 오늘은 시험 보러 가고, 내일은 신체 검사하러 간다고 내 용돈 1만 5천 원을 빌려 갔다. 요즘 같으면 매형은 잘 먹고 잘 살지도 못할 것이다. 며칠 전에도 반지를 판 모양이다. 5월 1일은 누나 생일인데도 뭣 하나 해주지 못했다. 엄마는 신발 하나 사 줬단다. 그것 때문에 또 아버지하고 싸웠다. 돈 때문이다.

– 1980년 5월 8일

아침에 도장을 찾았더니 어디로 갔는지 없었다. 한창 찾았더니 엄마가 돈 1,000원 주었다. 도장 새기라는 것인데 돈이 아까워서 또 찾았다. 그런데 엄마가 그 돈은 엄마 돈이란다. 가정에 쓰는 돈은 꼭꼭 차 있어서 엄마는 돈의 자유가 없다.

낮에 집에 오니 누나가 와서 떡을 굽고 있어서 먹고 있는데 재영이 형 도장이 있어서 도장을 내 것처럼 고쳤다.

– 1980년 3월 6일

나는 어머니가 정말 남편 잘못 만나 고생이 심하다고 생각했습니다. 한번은 엄마한테 아버지가 정말 싫다고 이야기를 하였습니다. 엄마도 내 마음과 같을 거라고 생각한 것입

이재명과 어머니

니다. 엄마는 오히려 나에게 화가 나신 듯하였지만, 그 이상
내색은 하지 않으셨습니다. 어머니는 아버지와 아들을 모두
사랑하셨던 겁니다. 그래서 우리 가족을 지키려 평생 애쓰셨
던 겁니다.

엄마한테 아버지가 싫다고 막 아무렇게나 말했더니 엄마는 약간 화가 난
듯했다. 하지만 엄마는 금방 풀어질 것이므로 걱정은 안 된다. 나중에 아버지가

들어와서 통상 하는 자질구레하고 지저분하고 치사한 잔소리를 엄마한테 한참 해 댔다. 아버지가 그런 얘기를 할 때면 보통 때도 보기 싫지만 그땐 정말 참기가 어렵다.

- 1982년 2월 22일

엄마가 돌아와서 파 다듬는 것 도와주는데 눈이 매우 매웠다. 엄마는 졸립다고 했지만 연속극 〈새 아씨〉를 보시겠다고 했다. 난 영화 〈아직도 내 이름은 튜니티〉를 보고 싶었지만 엄마에게 조금 더 잘해 드리자는 생각에서 엄마 보시겠다는 것을 보고 난 후 내 보려던 것을 봤다. 집안에 웃을 일 없으니 TV 코메디극이나 보며 웃어 보자고 생각하고 열심히 웃었다. 이런 때나 웃지 언제나 웃어?

- 1982년 3월 27일

여성의 삶이 얼마나 고달픈지는 내 어머니와 누이들의 삶을 보면 잘 알 수 있습니다. 가난한 살림살이라면 더 말할 것도 없습니다. 하층민일수록 여성들은 교육을 제대로 받지 못하고, 척박한 일터로 내몰리며, 더 많은 차별을 받습니다. 남자들과 똑같이 일하는데도 돈은 적게 받으며, 인격적인 모독이나 성폭력에도 더욱 많이 노출되어 왔습니다.

요즘은 많이 사정이 나아졌다고는 해도 여전히 결혼과 출산, 육아는 여성들에게 지워 있는 무거운 짐입니다. 여성들이 행복한 세상을 만들어야 이 사회는 비로소 변화했다고 말할 수 있습니다. 아직 가야 할 길이 참으로 멀어도 반드시 가야만 할 길입니다.

다이어리 여섯,

차렷을 못하는 건 내 탓이야

나는 기념사진 찍는 것을 몹시 싫어합니다. 기념사진을 찍으며 취하는 멋진 자세는 차렷을 하는 반듯한 모습인데, 내 팔은 차렷이 되지 않기 때문입니다. 나의 왼팔은 굽어 있으니까요.

나는 반팔 옷을 절대로 입지 않습니다. 아무리 더워도 긴팔 옷을 입습니다. 대양실업 다니던 시절 프레스에 눌려 팔을 다친 후에 생겨난 습관입니다. 처음엔 단순한 타박상이라 생각해서 병원에도 가지 않았지만, 사실은 손목뼈 하나가 부러졌던 것입니다.

어른이라면 그 상태에서 뼈가 자연스럽게 붙었을 겁니다. 불행히도 저는 한참 성장하는 청소년이어서 팔이 비틀어지고 말았습니다. 부러진 뼈가 다른 뼈의 성장 속도를 따라가지 못한 것입니다. 나는 굽은 팔을 숨기려고 한여름에도 긴팔 남방을 입고 다녔습니다.

정말 이래도 되는 건지. 나중에 다시 공부 시작한다는 게 가능할지. 팔만 괜찮다면 열심히 해보겠다. 반팔 입고 다닐 수 있는 날이 언제나 오려는지. 매일 긴팔 남방 입고 다니는 것이 지겹다. 남들이 모두 나만 쳐다보는 것 같은 느낌이 든다. 이래서 내가 되는 건지. 정말 깨끗이 인생을 끝내 버리면 좋겠다는 생각이 아직도 남아 있다.

- 1980년 7월 29일

당시에도 노동법에는 산업 재해를 당한 노동자에 대한 보상 조항이 적혀 있었습니다만, 정작 노동자인 우리는 그런 법이 있는지조차 알지 못했습니다. 특히 이름 없는 소년공에게는 더할 나위가 없었겠지요.

첫 번째 산재를 경험했던 곳은 동마고무입니다. 사장님은 내게 "이게 얼마나 비싼 기계인 줄 아냐"면서 모든 게 정신 똑바로 차리지 않은 내 탓이라고 했습니다. 월급을 못 받을까 걱정이 되어 손을 붕대로 감은 채 보조 일을 했습니다. 어머니는 매일 도시락을 들고 나를 공장까지 데려다주셨습니다. 공장에 가는 동안 거의 말씀을 하지 않으셨는데, 나는 그저 내 손을 꼭 쥔 어머니 손이 따뜻해서 정말 좋았습니다.

두 번째 산재를 당한 곳은 대양실업이었습니다. 이땐 정말 억울하게도 산재를 당했는지조차 몰랐습니다. 한번 프레스에 팔이 끼었다 하면 보통 손가락이 몇 개 잘리거나 손목이 뭉개지는 경우가 흔했습니다. 사람들은 저더러 정말 운이 좋다고, 별일 없어서 다행이라고 이야기했습니다. 그래서 병원에 갈 생각도 하지 않았습니다.

뭔가 잘못되었음을 알게 된 것은 그로부터 일 년이 지난 후였습니다. 키가 한꺼번에 15센티가 자라자 팔이 안쪽으로 굽어지기 시작한 것입니다. 다른 뼈가 자라날수록 부러져서 자라나지 못하는 뼈가 안겨다 주는 통증은 극심했습니다. 병원에선 엑스레이를 찍어 봐야 안다고 했지만, 국민건강보험이 시행되기 전이라 한번 찍어 볼 생각을 하지 못하였습니다. 나중에 군대 병역 면제를 받게 되면서 비로소 엑스레이를 찍어 보았습니다.

어제 늦게부터 진눈깨비가 내리기 시작하더니 나중에는 춥기 시작하였다. 오늘 아침에는 영하 7도나 내려가서 꽤나 추웠다. 게다가 바람까지 불어서 매우 혼났다. 아침에 일어나니 팔목이 아파서 회사에 못 나갈 것 같았다. 회사에 가서 작업 시작하려고 하니 손이 아파서 못 했다. 그래서 오후엔 조퇴하고 집에 와서 잠 좀 자다가 일어나니 3시 15분이었다.

또 좀 자다가 5시 30분에 일어나 밥 먹고 학원에 갔더니 춥다고 보충 수업도 안 했다. 7시에 수업 시작해서 9시에 끝나고 또 내일은 추워서 쉰다고 한다.

낮에 집에 와서 병원에 팔목 때문에 갔더니 의료 보험 카드가 서울 지구로 되어 있어서 치료도 못 했다. 낮에 집에 오는데 바람이 몹시 불었다.

- 1980년 1월 30일

나는 팔 병신이 되어 간다는 사실과 생전 처음 경험해 보는 극심한 통증에 크게 절망하였습니다. 이미 대양실업은 망해서 문을 닫은 지 오래였습니다. 보상을 받을 곳도, 하소연해 볼 곳도 없었습니다. 모든 것이 내가 정신을 똑바로 차리지 않아서 그랬다고 자책하는 수밖에 없었습니다. 모든 것이 내 탓이었습니다. 세상 끝까지 좌절하고 타락하고 싶어졌습니다.

정말 사는 것이 이런 것인가 하는 허무한 생각만 든다. 삶에 있어서 즐거움이 없으면 살 가치가 없다. 죽음! 이것만이 내가 찬미할 수 있는 단어다. 팔은 아픈데 누구도 나를 이해하지 못할 것이다. 하지만 누구에게도 현재의 내 상태를 의논할, 아니 털어놓을 사람도 없다. 고독하다 외롭다. 그래서 친구를 그리게 되는 건지도 모른다. 정말 이게 무슨 삶인가. 지옥, 어떤 곳인진 모를지라도 이곳보다야 나으리라.

어떻게 해야 할지 정말 모르겠다. 정말로 아버진 하나도 이해 못하고 있을까? 좀, 좀 더 나를 이해했으면 얼마나 좋겠는가? 미치겠다. 머리 깨고 죽어 버릴까? 오늘 낮에도 주먹으로 벽을 때려서 주먹에 뼈가 이상이 생겼는지 손이 매우 아프다.

- 1980년 7월 4일

오전에 재선이 형 체력장 원서 준비 때문에 하루 종일 쫓아다녔다. 재선이 형 것만 하고 나니 왠지 처절한 참패라도 맛본 듯이 입안이 씁쓸했다. 그리고 거기서 쓰여 있는 지체 부자유자 따로 접수한다는 것에 눈길이 갔다. 난 지체 부자유자에 들어갈까? 교육청에서 물어볼까도 했으나 발이 들어가질 않았다.

- 1980년 8월 16일

하지만 이와 동시에 '더 이상 이렇게 살 수는 없다. 공부를 해야 한다'는 간절한 갈망이 생겨났습니다. 이름 없는 소년공이었던 나에게 알을 깨는 아픔, 성장통이 시작되었던 것입니다. 공부를 한다고 해서 뭐가 달라질지는 모르겠지만, 내가 그 순간 할 수 있는 일은 그것이 전부였습니다.

1년 3개월 만에 고입 검정고시와 대입 검정고시를 모두 통과했습니다만, 아무것도 달라지는 것은 없었습니다. 팔은 여전히 아팠고, 긴팔 옷을 입고 지내야 하는 여름은 너무나 무더웠습니다. 아버지는 다시 공장에 들어가 돈 벌어서 팔을 고치라고 하는데, 어찌나 원망스러웠는지 모릅니다.

아버지가 회사 구하러 가자고 나를 끌고 나갔다. 오리엔트, 병원 등등 들러서 집에 들어왔다. 병원에 갔더니 엑스레이 찍어 봐야 안다고 했다. 순 돌팔이 의사 놈 같으니라고, 제길.

— 1980년 5월 26일

한데 팔이 아프다. 이젠 가만히 있기만 해도 아프니 점점 악화되는 모양이다. 정말 어떻게 해야 할지 모르겠다. 팔은 놔두고 그냥 공부할지, 아니면 회사

들어가서 팔 고치고 내년에 학교 들어가야 할지 모르겠다. 그래서 그 생각 하느라고 오늘은 공부도 안 했다.

- 1980년 6월 18일

오늘은 유난히도 팔이 아프다. 누나가 그러는데 내 얼굴이 좀 마른 모양이다. 누나는 일찍 올라갔다. 저녁때 아버지가 종이 갖다 판다고 나보고 갖다 실으라고 했다. 정말 이상하다. 아버진 내가 잠시라도 쉬는 게 보기 싫은지 나보고 힘든 것은 다 하라고 한다. 내 팔이 아픈 줄은 잘 알 텐데 말이다. 정말 그렇게 화가 날 수가 없다. 아버지라고 날 하나도 이해해 주지 못한다니 정말로 슬픈 생각이 든다.

정말 이젠 죽고 싶은 생각만이 간절하다. 죽어 버리면 만사가 깨끗할 것 아닌가. 낮엔 공부도 안 된다. 이 생각 저 생각으로 골치만 아프다. 정말 어떻게 해야 할지 갈피를 못 잡겠다. 그래서 낮에도 한 여자에게 몇 번이고 편지를 쓰다가 찢어 버렸다. 아버진 취직시켜 달라니까 의료 보험 카드도 없으니 회사에 들어가서 치료비 벌어서 수술하란다.

- 1980년 6월 19일

마음과 몸의 고통을 모두 겪고 있는 내가 너무 안쓰러워

보였는지, 한번은 마음씨 착한 매형이 나에게 "내가 팔 고쳐 줄 테니까 실망하지 말라"고 위로를 해주었습니다. 마음만 착할 뿐 돈 버는 재주가 별로 없는 매형이 내 팔을 고쳐 줄 수는 없겠지만, 정말 말만으로도 너무 고마웠습니다.

돈이 없어 병원에 가지 못하는 상황. 나는 캐치볼을 하면서 팔을 고쳐 보려고도 했으나 자신이 없었습니다. 아이러니한 것은 그때 캐치볼을 하면서 썼던 글러브가 바로 내가 산재를 당했던 대양실업에서 만든 제품이었다는 사실입니다.

집에 와서 글러브 고쳐 가지고 대원국교로 가서 야구 하면서 놀았다. 운동장에 있던 사람들과 함께. 내가 야구하는 건 순 팔을 고쳐 보자는 데 있다. 팔에 운동을 함으로써 근육을 고쳐 보겠다고. 하지만 그게 될까?

— 1980년 9월 14일

팔에 대한 고민은 미래에 대한 고민으로도 이어졌습니다. 우리 사회에는 군대를 다녀오지 않으면 제대로 된 남자 대접을 하지 않는 문화가 요즘도 남아 있습니다. 당시에는 더욱 심했습니다. 나는 군대를 면제받으면 취직에 불이익을 당할까 두려웠습니다.

형들이 방위 받으러 가는데 21일간 훈련 기간이란다. 그러면 2일부터 22일까지 훈련받고 23일날은 훈련이 끝나므로 집으로 돌아올 수 있을 것이다. 고생이 많으리라. 하지만 내 입장에서 볼 때 행복한 고생이 아닐 수 없다. 나 같은 팔병신은 군역이 면제될 테니 말이다. 정말 그렇게 되면 난 어떻게 한단 말이냐.

- 1980년 9월 2일

병역이 과연 면제될까. 면제가 된다면 취직에 지장은 없을까. 하지만 나 혼자 이런 걱정을 한다고 해서 해결될 성질의 문제도 아니지만 어쨌든 머릿속에 고민이 들어 있으니 공부도 안 된다.

- 1982년 3월 15일

만약 내가 굽은 팔이 아니어서 군대에 갔다면 누구보다도 군 생활을 잘했으리라고 생각합니다. 대학교 1학년 때 문무대에 입소하였는데, 6일간의 힘들고 괴로운 훈련을 통해 나 자신이 성장하는 것을 경험하였습니다. 군대란 곳에는 일상을 떠나 모든 것을 잊게 해주는 힘이 있다는 것을 알게 되었

굽은 팔을 보이고 있는 이재명

습니다. 차라리 모든 속세의 일을 잊고 이런 곳에서 생활하면 어떨까 하는 엉뚱한 생각도 했습니다.

비가 쏟아지고 바람은 불고 바닥은 완전히 진흙탕이었다. 거기서 포복 연습을 하는데 처음 낮은 포복 연습하려고 엎드리는데 옷이 서서히 젖어 오면서 이가 마주 물려 떨어지지를 않았다. 이것이 모두 인생의 소단면이라고 생각하며 어차피 내가 택한 시련의 연습이니 열심히 해보자고 속으로 다짐하며 이를 악물고 계속했다.

한창 동안의 이가 맞물리는 추위의 기간이 지나고 곧 옷이 모두 젖어 버리자 이판사판이 되어 마구 뒹굴었다. 춥다고 대기 시간에도 계속 뛰었고 결국 각개 전투장을 2바퀴 돌고서 내무반으로 되돌아왔다. 힘들고 추운 훈련이었지만 막상 끝나고 나니 오히려 추억의 일부분으로 소중히 간직하고 싶어졌다. 연병장에서 팬티하고 러닝셔츠만 입고 보니 온통 붉은 진흙색으로 염색이 되어 있었고 살에는 모래가 바삭바삭했다. 그냥 적당히 씻고 새 옷으로 갈아입었다. 힘든 문무대 생활이지만 여기서 얻는 것이 많다.

- 1982년 5월 19일

오늘도 일찍 떠나야 되는 분대 전투 훈련. 이것으로 야외 훈련, 아니 모든 훈련이 거의 끝이며 하룻밤만 지나면 이곳의 생활도 끝이 난다. 난 거의 집으로 가고 싶은 마음이 사실 없다. 집이래야 맨날 투닥거리면서 불화나 매일 생기는 곳이니 차라리 이곳에 계속 머물고도 싶다. 이곳에서의 생활은 모든 것을 잊게 해주는 힘이 있다. 차라리 모든 속세의 일을 잊고 이런 곳에서 생활하면 어떨까.

- 1982년 5월 21일

결국 나는 이 굽은 팔 때문에 군대를 면제받았고, 사법 고시에만 전념할 수 있어 많은 시간을 절약했습니다. 돌이켜 보면 손목뼈가 부러진 줄도 모르고 방치했다가 굽어 버린 팔이 결국 내 인생의 전환점이 되었습니다. 내 굽은 팔은 소년공 생활에 종지부를 찍고자 공부에만 매달리도록 했고, 법을 공부해 노동자를 위한 인권 변호사의 길을 걷게 했습니다. 그리고 지금 이 순간 당시의 일기장을 통해 세상과 이야기하도록 했습니다.

비록 내 팔은 굽었지만 세상이 또 다른 굽은 팔을 만들지 않도록 하고 싶었습니다. 이 굽은 세상을 곧게 펴고 싶었습니다. 나의 왼팔은 지금도 나에게 말을 걸어옵니다. "굽은 세상을 펼 때까지 포기하지 말라"고 말입니다.

다이어리 일곱,

씨앗은 어둠 속에서 싹을 틔운다

내 인생의 암흑기는 1980년 봄입니다. 열여덟 살의 나는 두 번의 자살 기도를 했습니다. 사회적으로 1980년은 5.18 민주 항쟁이 있었던 해이기도 합니다. 그해 5월 18일 일기에는 김대중 전 대통령이 잡혀갔다는 호외와, 계엄을 전 지역으로 확대한다는 내용의 뉴스 이야기가 쓰여 있습니다.

그날 저녁에는 권투 경기 중계가 있었습니다. WBC 플라이급 세계 타이틀 5차 방어에 성공하며 승승장구해 온 챔피언 박찬희와 일본의 도전자 오쿠마 쇼지의 경기였습니다. 나는 평소 권투에는 취미가 없었지만 끝까지 봤습니다. 뭔가 통쾌한 승부를 기대했는지도 모릅니다. 어쩐 일인지 박찬희는 경기 내내 무기력한 모습을 보이다가 9회 초에 KO패를 당하고 맙니다.

호외가 나왔는데 김대중, 김종필 등이 잡혀갔단다. 어제 새로 계엄을 전 지역으로 확대한다고 뉴스가 나왔었다. 대학생들이 계엄 해제 등을 요구하며 데모를 벌이자 최규하 대통령이 계엄을 더 확대시킨 거다. 혹 떼려다 혹 붙인 결과다. 내 생각에는 순 도둑놈 같다.

집에 와서 권투를 봤다. 순 엉터리 같았다. 결국 9회에 KO패로 박찬희가 오꾸마 쇼지한테 패했다. 난 권투에는 취미가 없었으나 어쩐 일인지 끝까지 봤다.

- 1980년 5월 18일

그날 세상은 도둑놈 같았고, 권투 경기는 엉터리 같았습니다. 나의 삶 역시 깊은 절망에 빠져 있었습니다. 1980년 5월 6일 대입 검정고시에 합격하였지만, 시험이 끝나고 나니 공부도 안 하게 되었고, 마음도 점점 이상해졌으며, 팔의 통증도 점점 심해졌습니다.

새벽마다 아버지 목소리에 잠을 깨는 것이 죽기보다 싫었습니다. 크게 반항했고 짜증도 부렸습니다만, 도저히 아버지를

1980년 5월 18일 〈경향신문〉 기사

이길 수 없었습니다. 나의 바람은 아버지가 나를 조금이라도 이해해 주는 것이었습니다. 몸도 아프고 미래가 불투명한 아들과 친근하게 이야기를 나누는 아버지가 필요했던 것입니다.

왜, 왜, 왜 내가 아버질 피해야 하는가? 원수도 아니다. 적도 아니다. 아들을 이해할 수 있는 그런 친근한 아버지가 아닌가. 하지만 나와 아버지의 관계는 원수 그, 그것이다. 지겨움, 내 마음은 그것으로 꽉 차 있다. 누구에겐가 신나

87

게 얻어맞아나 봤으면 시원할 것 같다. 재국이 형하고 풍덕천에 갔다. 재국이
형하고도 좋았다. 얘기할 상대가 있다는 그 사실이. 단지, 단지 나의 가슴을 털
어놓진 않았어도 그래도 좋았다.

- 1980년 7월 6일

오리엔트에 재입사하라는 아버지 등쌀에 시달리다 못해
입사 서류를 내러 가다가 중간에 돌아온 적도 있습니다. 대학
에 들어가려면 공부를 해야 하는 절대적인 시간이 필요했기
때문입니다. 신문을 돌려 볼까도 했지만 결국 아버지한테 이
야기하지 못했습니다.

오늘은 내가 회사 발표 보러 간다고 사기 친 날이다. 서류도 안 내놨으니 안
될 건 뻔한 걸 같다. 산에 가서 책 좀 보다가 집에 들어왔다. 아버지가 어떻게
됐냐고 물었다. 안 됐다고 했더니 오리엔트 욕을 막 했다. 고물 갖다 파는 데
갖다주고 나니까 걱정이 되서 공부가 안 된다. 인쇄소로 가라고 하는데 거기
가면 시간이 없을 것이다. 오리엔트도 시간 때문에 서류 안 냈는데 말이다.

오다가 보니가 서울신문서 배달원 모집하고 있었다. 그런데 난 조간을 돌려
야 된다. 그래야 밤에 아버지가 쓰레기 치러 가잔 말을 안 할 게 아닌가? 나중

엔 고물 장사가 와서 종이 사 가는데 아버진 종일이를 안고 있으면서 나보고 내려 주라고 했다. 자긴 꼭 나 시켜 놓고 놀더라. 다 내려 준 뒤에 생각해 보니 아버지한테 얘기해서 신문 돌리고 집에서 공부하도록 말을 해보려고 준비까지 다 해 놨는데 틈이 없었다. 결국 말도 못 하고 말았다.

- 1980년 6월 3일

아무것도 할 수 없었던 나는 죽고 싶다는 말을 수도 없이 일기장에 썼습니다. 그런 이야기를 누군가에게 하고 싶었으나 대상이 없었습니다. 사실은 정말 죽고 싶은 것이 아니라 '이렇게 살고 싶지 않다'는 것이었습니다. 이렇게 사느니 그냥 깨끗하게 사라지고 싶었습니다만, 그러기엔 내 청춘이 너무 아깝다는 생각도 들었습니다.

오늘 직장 못 구하면 죽어 버려야지. 수면제 먹고 방에 연탄불 하나만 피워 놓으면 될 것 아닌가. 그러나 막상 집에 와 누워서 생각하니 18세라는 나이에 자살한다는 건 미친 짓일 것 같았다.

- 1980년 5월 11일

돌이켜 보면 그때 내가 자살을 꿈꾸었던 것은 불안한 미래에 대한 고민, 대화가 되지 않는 가족들과의 불화가 가장 큰 원인이었습니다. 요즘 청소년들도 당시 나와 비슷한 고민을 갖고 있습니다. 청소년들이 자살하고 싶은 마음을 갖는 원인을 살펴보면 성적 고민, 미래에 내한 불안, 가족 간의 갈등, 이 세 가지가 80%를 차지합니다. 중요한 것은 청소년의 자살 기도는 치밀한 계획과는 상관없이 어느 날 불쑥 찾아온다는 사실입니다.

그날은 어쩐 일인지 아버지가 쓰레기 치우러 오지 않아도 된다고 하는데 괜히 따라나섰다가 사달이 났습니다. 종이를 주우면서 팔이 아파 얼굴을 찡그렸습니다. 내 얼굴을 본 아버지가 짜증 섞인 소리를 질렀습니다. 팔이 아파서 발로 종이를 밟았더니, 아버지는 나에게 자꾸 말썽 피우면 팔을 영원히 안 고쳐 주겠다고 윽박질렀습니다.

난 너무 억울해서 이가 갈리고 온몸이 후들거렸습니다. 내일 당장 죽어 버려야겠다고, 깨끗이 사라져 버려야겠다고 결심했습니다. 결심을 하고 나니 세상만사가 모두 평화로워졌습니다. 죽으면 다 끝나 버릴 테니까요. 더 이상 귀녀를 만나

고 싶은 마음도 사라졌습니다. 아버지 잔소리도 아무 상관이
없었습니다.

5시에 들어와서 잠도 오지 않았다. 계속 책상에 앉았다가 길가로 나갔다.
귀녀를 만날 생각에. 비는 주룩주룩 오는데 작업복 입고 길가에 서 있으니 모든
사람이 나만 쳐다보는 것 같았다.

하지만 귀녀는 못 만나고 그냥 집으로 돌아왔다. 내가 귀녀를 만나려고 한
다는 것은 아마도 죽겠다는 확실한 불신이 아니 섰음을 나타내는 것인지도 모른
다. 어쨌든 상관없다. 죽으면 모든 것이 끝나는 것이니까!

낮엔 또 쓰레기 동네 치는데 나보고 자루 들고 비닐류 주워 담으라고 했
다. 하지만 신경질 내지 않았다. 조금 있으면 그것도 잊혀질 테니까 생각하면
서……. 하지만 조금은 창피했다.

— 1980년 6월 30일

나는 연탄불을 들여놓고 수면제를 먹고 옆에 누웠습니다.
이상하게 수면제를 먹었는데도 잠이 오지 않다가 결국 잠들
었습니다. 이상한 것은 몇 시간이 지난 후 내가 다시 깨어난
것입니다. 첫 번째 자살 기도는 그렇게 실패로 돌아갔습니다.

집에 돌아오니 1시였다. 연탄불을 하나 샀다. 다락에 올려놓았다. 수면제 먹고 옆에 누웠다. 이상하게 수면제를 먹었는데도 잠이 오지 않았다. 결국 잠들었다. 헌데 이상한 것은 내가 다시 깨어났다는 것이다. 불은 꺼져 있었고 결국 자살 시도는 실패한 것이다. 아무도 모르게 죽어 버리려 했는데! 죽는 것도 쉬운 일만은 아닌 것 같다. 누구 말마따나 하늘의 뜻인가? 좌우간 자살 기도는 실패했고 다시 난 살아났다. 또다시 지겨운 생활이 시작될 것이다.

— 1980년 6월 30일

두 번째 자살 기도는 오리엔트에 입사 서류를 낸 이후입니다. 입사할 생각이 전혀 없어서 이틀 뒤 면접일 전까지 죽어야 한다는 게 목표였습니다. 식구가 많은 좁은 집에서는 자살 기도도 쉬운 일이 아닙니다. 모두가 비어 있는 시간을 찾아야 하니까요.

결국 면접일 오전까지도 나는 죽지 못하고 있었습니다. 어머니가 일하러 가신 후에야 겨우 연탄불을 한 장 사 왔습니다. 방에는 아버지가 주무시고 계셔서 다락으로 올라갔습니다. 수면제를 삼키고 누워 눈을 질끈 감았습니다.

그때 매형이 들어왔습니다. 나의 두 번째 자살 기도 역시 실패로 돌아가고 만 것입니다. 우습게도 나는 자살 기도를 매형에게 들킨 사실보다 오리엔트 면접에 안 간 것을 아버지에게 들키는 상황이 더욱 두려웠습니다. 이미 약속된 면접 시간은 지나 버렸으나 나는 면접을 보러 집을 나설 수밖에 없었습니다.

그날 다락에서 내려와 오리엔트 면접을 보러 갔던 무거운 발걸음이 지금도 생생히 기억납니다. 매형과 함께였지만 무거운 침묵만이 흐를 뿐이었습니다. '이 괴롭고 지루한 삶을 어떻게 살아가나'와 '이왕 사는 거 열심히 살아 봐야 하나'라는 두 가지 다른 생각을 발끝으로 툭툭 걷어차며 그 길을 갔습니다. 매형은 회사까지 뒤따라왔습니다.

오늘은 오리엔트 면접날이다. 오늘까지 죽어 버리지 않으면 안 된다. 연탄집게를 들고 불탄집에 가려다가 몇 번 망설였다. 그런 중에 엄마가 와서 점심을 먹으니 12시가 넘었다. 죽을 준비는 최소한 1시까진 끝내야 한다. 엄마는 45분에 화장실로 다시 가고 나는 불탄집에 가서 연탄 한 장 샀다.

집에 오니 아버지가 자고 있어서 다락에 준비했다. 한 개로 안 될 것 같아서 하나 더 샀다. 이제 준비는 끝나고 수면제를 삼켰다. 하지만 잠이 오지 않았다.

결국 눈이 말똥말똥하니 뜨고 있는데 매형이 들어왔다. 이상히 생각했는지 그만 다락문을 열어 보고 말았다.

결국 나는 들켜서 죽으려 하는 계획은 2번째 실패하고 말았다. 울음이 나왔다. 아버지한테 복수하려던 생각은 틀려 버렸다. 매형이 뒤따라왔다. 회사까지. 그때가 두시였으므로 벌써 면접은 시작했겠지만 그래도 가야 했다. 매형은 그게 의심스러운 모양이었다. 회사 들어가는 걸 보고 안심한 모양이다. 죽음도 이렇게 어려운가. 죽었으면 편할 것을. 이 일은 매형만이 알 것이다. 차라리 집안 식구가 알았으면.

- 1980년 7월 11일

놀라운 것은 이 사건 이후로 나는 죽어 버리고 싶다는 이야기를 하지 않게 되었다는 점입니다. 그날 이후로 내 일기장에서 '죽고 싶다'는 말은 깨끗이 사라졌습니다. 나의 진짜 속마음은 '죽고 싶다'가 아니라 '이렇게 살고 싶지 않다'였음을 두 차례의 어리석은 시도 끝에 깨달았기 때문입니다. 얼마 지나지 않아 나는 저승길만도 못하다고 여겼던 오리엔트 공장에 재입사했습니다. 이듬해에는 공부도 다시 시작했습니다.

나를 오리엔트 공장까지 데려다주었던 매형이 생각납니

다. 수면제 대신 소화제를 팔았던 약사 선생님도 생각이 납니다. 그들의 도움이 없었다면 지금의 나는 없겠지요? 그때 다락에서 내려와 어쩔 수 없이 오리엔트 면접을 보러 갔던 무거운 발걸음도 생각납니다. 씨앗은 가장 어두운 곳에서 싹을 틔웁니다. 삶을 포기하고 싶어지는 순간은 새로운 삶이 태어나는 순간이기도 합니다.

다이어리 여덟,
대학생 되기 프로젝트

가장 어두운 땅속에 심어 놓은 희망의 씨앗은 어느덧 싹을
틔우고 있었습니다. 물론 두터운 땅을 뚫고 나가기란 여간 어
렵지 않았습니다. 당장 두 가지 문제와 마주해야만 했습니다.

우선 공부할 분량이었습니다. 대입 검정고시는 7과목인 반
면 예비고사는 무려 14과목이었습니다. 거의 고등학교에서
배우는 전 과목을 보는 것이나 다름없었습니다. 시간이 곱절
로 필요했습니다.

다음은 등록금이었습니다. "주간 대학에 갈 돈이 어디서
나겠느냐"는 형의 말에 소스라치게 놀라고 말았습니다. 대학
을 꼭 가야겠다면 낮에는 공장에서 일하면서 돈을 벌 수 있는

야간 전문대에 가라던 아버지 말씀이 피부에 와닿는 순간이
었습니다. 그렇게 답이 없는 문제를 끌어안고 한동안 의미 없
는 시간을 보내야 했습니다.

저녁에 들어와서 재선이 형하고 얘기하던 중에 난 주간 대학 가겠다고 했
더니 그 돈이 어디서 나냐며 반문했다. 그 소리에 소스라치듯 놀란 나는 가만히
생각해 보니 과연 그 말도 맞는 말이었다. 괜히 공허한 생각이 들었다. 그래서
공부도 안 하고 바깥에 나가서 한참 돌아다니다가 들어왔다. 지금 내 마음은
갈피를 못 잡는다. 과연 어떻게 해야 하느냐, 이것이 문제였다. 하지만 대학교
를 포기한다는 것은 내 인생의 중요한 일이 아닐 수 없다.

- 1980년 6월 7일

어쨌든 1980년 한 해는 팔도 아프고 공장도 다시 다니기
시작했으니까 얼렁뚱땅 일단 시간을 보내고 내년부터 공부
를 시작하겠다는 생각이었습니다. 12.12 군사 반란과 이듬해
5.18 민주 항쟁으로 1980년은 온 나라가 혼란과 슬픔에 잠
겼던 시절이었습니다. 온 세상이 어수선하였고, 말도 안 되는
일들이 벌어지기 시작했습니다. 입시가 몇 달 남지 않은 상황

에서 대입 본고사가 폐지되고 대학생 과외가 전면 금지되었습니다. 요즘 같으면 있을 수 없는 일이지만, 무소불위의 권력을 휘두르던 군사 정권 치하라 숨죽이고 따를 수밖에 없는 분위기였습니다.

나로서는 청천벽력과 같은 소식이었습니다. 대학에 가면 과외 아르바이트로 학비와 생활비를 버는 것이 내가 강구한 유일한 대책이었기 때문입니다. 한 가닥 희망이 꺼지고 마는 순간이었습니다. 어둑어둑한 내 앞날에 더 큰 그림자가 드리워져 깜깜하기만 했습니다.

어떨 땐 내가 팔 병신이란 게 믿어지질 않는다. 어쩌다가 그 많은 사람 중에 나만 이렇게 팔이 병신이 되어야 한단 말이냐. 그리고 난 야간 대학에 절대로 가기 싫다. 학교엔 국민학교밖에 못 나오고, 중고고는 얼렁뚱땅 교복 한번 안 입고 졸업해 버리고, 대학만이라도 시간 좀 가지고 공부하고 싶다. 헌데 국가보위원회에서 7.30일부로 과외 금지, 가정 교사 금지령을 내려서 그나마 한 가닥 나의 희망이던 것마저 바람에 호롱불 꺼지듯 꺼지고 말았다.

— 1980년 8월 20일

이 말도 안 되는 교육 개혁 조치로 인해 나는 조금 엉뚱한 전화위복을 맞았습니다.

첫 번째, 본고사가 폐지되면서 주관식 시험을 치를 필요가 없어졌습니다. 시험이라고는 검정고시만 거친 나는 한 번도 주관식 시험을 치러 본 적이 없었습니다. 만약 본고사를 봤다면 얕은 밑천이 드러나 버려 대학에 들어가지 못했을지도 모릅니다. 대학 시절에도 주관식 문제로 고생을 해봐서 잘 알고 있습니다.

두 번째, 검정고시 출신인 점이 오히려 좋은 내신 성적을 받기에 도움이 된 것입니다. 변경된 대학 입시 제도에는 내신 성적이 30~50%나 반영되었는데, 검정고시 출신자들은 예비고사 점수에 따라 내신 등급을 받았습니다. 그러니까 예비고사만 잘 보면 되는 것입니다. 이런 제도 덕분에 이후에는 평소 내신 성적이 좋지 않은 학생들이 일부러 자퇴를 하고 검정고시를 보는 유행이 생겨나기도 했습니다.

세 번째, 사립 대학들을 중심으로 장학금 제도가 대폭 확대되었습니다. 예전 같으면 가난한 학생들도 명문대에 진학만 하면 과외로 학비와 생활비를 해결했지만, 과외 금지 조치로 상황이 달라졌습니다. 장학금 제도는 우수한 학생들을 유인할 좋은 수단이 되었습니다. 심지어 생활비에 숙식비까지 제공하는 학교까지 등장하였습니다.

변화가 많았던 1981년 입시를 지켜보면서 이런저런 새로운 정보를 수집한 나는 1982년 입시에 도전해야겠다는 결심을 합니다. 아울러 장학금을 주는 학교에 가야겠다는 결심도 합니다.

이젠 나도 각오를 새로이 해야 할 것 같다. 예비고사가 8개월밖에 남지 않았으니 말이다. 260점을 맞아야 제대로 원하는 대학에 갈 수 있을 것 같다. 81% 정도. 장학금 지불되는 곳으로 입학해야겠다. 아버지에게 지금도 미안한데, 60~70만 원씩 타 가려면 여간 힘들지 않을 것이다.

헌데 열심히 공부해야 된다는 걸 알면서도 그게 잘 안 되니 큰일이 아닐 수 없다. 오늘 저녁만 해도 아무 한 것이 없는 것 같다. 그리고 서울로 다니며 공부하는 게 자신이 없다. 차 타고 다니면 무지하게 피곤하리라는 생각에 벌써부터 지치는 것 같다. 하지만 이미 살은 시위를 떠났다. 열심히 하는 거다, 열심히. 내 인생이 걸린 큰 문제를 앞에 놓고 새로운 결의를 다지자.

- 1981년 3월 2일

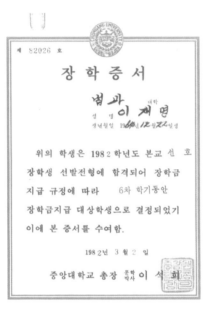

제 82026 호

장 학 증 서

범파
성 명 이 재 명
생년월일 196 년 12 월 22 일생

위의 학생은 1982학년도 본교 선 호
장학생 선발전형에 합격되어 장학금
지급 규정에 따라   6차 학기동안
장학금지급 대상학생으로 결정되었기
이에 본 증서를 수여함.

1982년 3월 2 일

중앙대학교 총장 문학박사 이 석 희

중앙대학교 장학 증서

이때 이후 나는 거의 1년간 일기를 쓰지 않았습니다. 방황
하지 않고 열심히 공부했다는 증거입니다. 다시 일기를 쓰게
된 날은 모든 것이 결정된 1982년 1월 31일입니다. 그간에
있었던 일과 앞으로의 계획을 털어놓고 있습니다.

지난 거의 일 년간 바쁘고 귀찮고 해서 일기를 안 썼다. 이제부터 나의 인생 기록을 철저히 지켜 나가겠다. 예비고사도 285점으로 어느 정도는 좋은 성적으로 치렀다. 한참을 망설인 끝에 경제성을 고려하여 중앙대를 지원했다. 등록금 면제에 매월 학비 보조금으로 20만 원 지급받기로 함. 한 곳에만 원서를 냈다. 자신이 있었기 때문. 이걸로 재선이 형 학원비하고 내 생활비 해야 한다. 그리고 매월 5만 원은 저축을 해야 한다. 4학년 때의 학비를 마련해야 하기 때문이다.

　1년간 안 쓴 일기를 몽땅 써 치우려니 생각도 안 나고 매우 복잡하다. 1년을 독서실에서 하루 4시간 이내로 앉아서 자고 공부를 해서 남부끄럽지 않은 점수를 얻었다. 이제 남은 것은 대학교에서의 참담고 알찬 대학 생활만이 남은 것 같다.

- 1982년 1월 31일

　예비고사에서 학력고사로 이름이 바뀌고 처음 치렀던 1982년도 성적은 285점. 그해 학력고사는 많이 어려워서 이른바 '불수능'이라고도 했을 정도입니다. 내 점수 285점이면 서울대 법대나 의대도 노려 볼 만한 점수였으니까요.

　물론 경제적, 신체적인 문제로 학교와 학과를 선택하는 상

황이 조금 속상하기도 했습니다. 숱한 고생 끝에 원하던 모든
것을 이루었다는 사실만은 충분히 자랑스러웠습니다. 그래선
지 조금 으쓱하기도 했던 것 같습니다.

소문은 퍼져 어디 아는 사람만 만나면 축하의 인사를 들으니 기분이 나쁘진
않다. 이번 여름에 고향에라도 가게 되면 어깨를 펴고 다니게 될 것이다. 법과
대학이라 큰 뜻을 펴려면 열심히, 아주 열심히 공부해야 할 줄로 안다. 예비고
사 대입 공부할 때보다 몇 배 열심히 해야 할 것이다. 1학년 때도 열심히 공부
해야 2학년 때 승당관에 입관하여 공부할 수 있기 때문이다.
중앙대학교 법과 대학에서 차석까지 하지 못하면 가망은 없는 것이라 생
각한다. 어차피 시작한 것 사법 고시에 변호사를 개업하겠다. 그래서 약한 자,
나의 어린 시절처럼 약한 자를 돕겠다. 검은 그림자 속에서 고생하는 어두운 사
람들에게 빛이 되어 보겠다.

- 1982년 2월 17일

대학 합격은 나에겐 정말 큰 성취감을 안겨 주었습니다.
그 감격을 일기에 참 많이 털어놓았습니다. 그중에는 수험 시
절 회고 편도 있습니다.

대학 시절 이재명

내가 수험 공부 한 것을 회고해 보자. 아침 7시에 기상해서 학원에 가서 아침 공부 하고, 4시에 수업 끝나면 10시까지 점심 때 남겨 논 점심 마저 먹고 공부해서 차에서 공부하다 잠들어 버려 가지고, 심심하면 사기막골 종점 부근까지 가서 야밤에 마라톤을 해야 했다.

독서실에 도착해서 한두 시까지 공부하다 보면 나도 모르게 잠들어 버렸다. 잠들지 않을려고 물수건 만들어 가지고 동여매고 해도 보았지만 역시 졸았다. 결국 그것이 안 되니 나중은 책상의 가슴 부분에 거꾸로 압핀 박아 놓고 졸다가 앞으로 숙이면 찔리게 해 놨으나 별반 무효.

나중엔 담요마저도 집으로 가져다 놔 버렸다. 나도 모르게 덮고 자게 돼 버렸던 것이기 때문이다. 결국 잠이 들었다가 새벽이 되어 추워서 잠이 깨면 통금이 풀릴 때까지 기다렸다가 집으로 와서 한숨 자고 나서 밥 먹고 출근했다.

- 1982년 2월 17일

처음엔 회사를 다니면서 퇴근 후에 학원에 갔다가 독서실에 가서 밤늦게까지 공부하는 생활을 하다 보니 졸음과의 전쟁이 치열했습니다. 졸지 않으려고 책상의 가슴 부분에 압핀도 박아 봤고, 담요도 집에 갖다 놓았습니다. 완전히 공부에 전념할 수 있었던 것은 시험을 5개월 남짓 앞둔 7월부터였습니다.

이윽고 운명의 1981년 11월 24일이 다가왔습니다. 그날은 화요일로 구름이 약간 끼어 있었고 조금 쌀쌀한 날씨였습니다. 처음으로 치러 본 학력고사에서 나는 그동안 준비해 온 것들을 아낌없이 쏟아 내었습니다.

가파른 상대원동 고갯길을 자전거 페달을 밟으며 오르던 순간들이 생각납니다. 처음엔 정말 아무 대책도 없었지만, 포기하지 않고 페달을 밟다 보니 우연한 도움이 여러 곳에서 왔습니다. 나 혼자 힘으로 해낸 것이 아니었습니다. 그렇게 나는 대학생이 되었습니다.

모든 일에는 인연이 있는 듯합니다. 경제적, 신체적 문제로 중앙대학교 법과 대학에 갔다고 푸념했지만, 덕분에 굽은 세상을 펼 수 있는 실질적인 공부를 하게 되었고 자격도 얻었습니다. 과외 금지가 되었다고 푸념했지만, 대신 장학금을 받아 생활하며 사법 고시 준비에 전념할 수 있었습니다.

내게 첫 번째 자전거가 생긴 날의 기쁨을 잊을 수가 없습니다. 이종사촌 병국이의 자전거를 얻어 타는 게 고작이다가 어느 날 갑자기 자전거가 생겼습니다. 집에 오니 아버지가 자전거를 샀다고 말씀하시는 것이었습니다. 참말로 기뻤습니다.

다음 날 아침 아버지가 자전거를 갖고 우리 집 대문으로 들어오시던 모습은 지금도 기억이 생생합니다. 그날 이후 나는 우리 집에서 가장 많이 자전거를 타는 사람이 되었습니다. 그야말로 자전거가 내 마음속으로 들어오고 말았습니다.

자전거가 좋은 이유는 한번 끌고 나가면 어디든 차비 걱정 없이 쏘다닐 수 있어서입니다. 자전거를 타고 성남 구석구석가 보지 않은 곳이 없습니다. 자전거는 현실의 한계에 묶여 있는 나에게 날개를 달아 주었습니다. 모든 길목에는 돈이라는 걸림돌이 있었지만, 자전거만큼은 좀 달랐습니다. 오르막길은 쉬면서 올라가면 되고, 길이 끊어지면 자전거를 메고 가면 됩니다.

가슴이 답답해지고 화가 울컥 치밀 때면 자전거를 타고 나갔습니다. 공부가 하기 싫거나, 머리가 복잡할 때도 나는 자전거를 끌고 나갔습니다. 페달을 세차게 밟으며 바람을 가르며 달리면 가슴이 뻥 뚫리는 것 같았습니다. 가파른 상대원 고갯길을 자전거를 타고 오르면 다리는 터질 듯하고 숨이 콱콱 막혔지만, 내가 살아 있다는 사실을 깨달을 수가 있었습니다.

공부하기가 싫어서 자전거를 타고 나섰다. 공설 운동장을 거쳐서 집으로 돌아오려는데 오기가 싫어서 내 다리도 테스트해 볼 겸해서 창곡동 고개로 해서 옛날(?) 내가 목걸이 공장 다니던 동네로 가 봤더니 세상이란 정말 빨리도 변화하는 듯했다. 내가 다니던 집이 어딘지 분간이 되지 않았다. 그럭저럭 상대원 고개를 깡다구로 올라와서 보니 숨이 콱콱 막혔다.

– 1982년 3월 18일

내가 항상 그리워하는 고향 안동의 푸른 산, 맑은 물, 깨끗한 공기 들을 성남에서 찾아보려고 무던히도 쏘다녔습니다. 탄천을 지나 판교에 자주 갔던 이유도 그나마 고기 잡고 조개 잡는 구경을 할 수 있는 곳이었기 때문입니다. 내 고향 안동처럼 당장 뛰어들어 풍덩풍덩 목욕이라도 하고 싶으리만치 깨끗한 물은 아니었지만, 나에겐 많은 위로가 되곤 했습니다.

할 일도 없고 해서 자전거를 타고 hiking을 나갔다. 성남엔 적당한 하이킹 코스가 없어서 맨 갔던 판교로 간다. 거기서 고기 잡고 조개 잡는 구경 하다가 보니 어느새 시간이 저녁때가 다 됐다. 돌아오는 길에 새로 난 길로 해서 돌아왔다. 좌우간에 집에 와도 공부는 하기 싫고 다른 특별히 할 일은 없으므로 성남시를 한 바퀴 다 돌고 돌아오니 8시가 다 됐다.

- 1982년 5월 29일

자전거는 나에게 소중한 물건이란 무엇인지, 어떻게 다루어야 하는지를 알려 준 첫 번째 물건이기도 합니다. 하루는 답답한 마음을 뻥 뚫어 보려고 남한산성 동문에서 남문으로 신나게 내려가는데 브레이크에 열이 막 났습니다. 문득 이러다 고장이라도 나면 어쩌나 걱정이 되어 자전거를 세우고 쉬게 했습니다. 내 마음도 함께 달렸습니다.

물론 나만의 자전거는 아니었습니다. 온 가족이 함께 쓰는 자전거인지라 다른 형제들이 타고 나갔다가 고장을 내서 돌아오는 일도 허다했습니다. 새 자전거가 고물이 되어 가는 모습을 보면서 어쩌나 속이 상했는지 모릅니다. 그때마다 직접 고쳐서 쓰기도 하고, 정 안 될 때는 자전거포에서 돈 주고 고쳤습니다.

그토록 소중한 자전거가 된 데에는 아버지가 자전거를 사온 지 두 달 만에 도로 팔아 버리려고 했던 사건도 원인이 되었습니다. 무엇보다도 절약을 중요하게 생각하는 아버지가 어쩐 일로 자전거 같은 물건을 샀을까 궁금했는데, 아마도 자전거를 사면 교통비를 줄이겠다 싶었던 모양입니다. 두어 달 지나다 보니 생각처럼 절약이 되지 않았고, 우리들이 자전거를 많이 타지도 않는다면서 아버지는 도로 팔아 버리겠다고 자전거포에 갖다준 것입니다.

나는 그때 큰 상실감에 빠졌지만 꾹 참을 수밖에 없었습니다. 아버지가 돈 들여 사온 물건이니 도로 판다고 해도 뭐라

할 말이 없었습니다. 언젠가 돈을 모아서 나만의 자전거를 사야겠다는 결심을 하며 스스로 위로할 뿐이었습니다.

다음 날 다행스럽게도 자전거는 다시 돌아왔습니다. 자전거포에서는 중고로 내놓으면 1만 5천 원은 주겠다고 했건만, 정작 아버지가 가져온 자전거는 이미 너무 낡아 버렸던 모양입니다. 두 달 사이 그리 헐어 버린 데는 나의 역할이 컸겠지요. 날이면 날마다 몰고 나갔으니까요.

자전거포에서는 아버지한테 값을 깎자는 이야기를 했습니다. 아버지는 헐값에 파느니 그냥 쓰는 편이 낫겠다며 도로 찾아오셨습니다. 어쩐지 자전거를 다시 갖고 들어오는 아버지의 얼굴은 언짢아 보였고, 나를 보자마자 자전거 좀 닦으라는 잔소리를 쏟아 놓으셨습니다. 비록 잔소리를 듣긴 했어도 잃어버린 친구를 다시 만난 듯 기쁜 마음으로 열심히 닦았습니다.

워낙 자전거를 많이 타다 보니 사고를 당한 적도 있습니다. 대학 입시 결과를 기다리던 1982년 1월, 자전거를 타고 길을 건너려다 택시에 받히는 사고가 일어났습니다. 병원에 입원하여 2주 진단을 받았으며, 보험 회사에서 치료비와 보상금을 받았습니다. 만약 보험 차량이 아니었다면 치료를 제대로 받지 못했을 것입니다. 그토록 갈망하던 대학교 문턱에도 가 보지 못할 뻔했습니다.

1월 17일날은 교통사고를 당했다. 자전거를 타고 다니다가 길을 건너려는데 차와 들이받혀서 기절하고 말았다. 택시에 실려 양친회병원으로 가서 정신이 들었다. 세상이란 역시 도둑놈 소굴이었다. 택시 회사에서 며칠 동안은 자주 찾아오고 위로도 하더니 처벌 대상이 아닌 게 밝혀지니까 발길이 뚝 끊어져 버렸다. 2주 진단이 나와서 병원에 누워 있다가 간호원들이 영 불친절해서 육병원으로 옮기고 말았다. 이제 병원도 어제로 마저 갔다. 남은 것은 보험 회사와의 상처에 대한 보험금만 남았다. 조만간 보험 회사에 가 봐야 되겠다.

- 1982년 1월 31일

사고를 당하고도 자전거에 대한 애정은 식을 줄 몰랐습니다. 1985년 여름 사법 고시 2차 시험을 끝내고 18일간의 전국 일주 자전거 여행을 한 적도 있습니다. 그야말로 생고생을 하면서 동해로, 남해로, 서해로 페달을 밟았습니다. 바깥 구경이라고는 하지 못하고 스스로 감금된 생활을 해야 하는 시험

공부에서 풀려나 시원한 바람을 맘껏 쏘일 수 있었습니다. 그 순간에도 내 곁에는 항상 자전거가 있었습니다.

다이어리 열,

모르는 게 너무 많아서

중간 과정을 착실히 거치지 않고 목표를 달성할 경우 대가를 반드시 치르기 마련입니다. 대학생이 되자마자 나는 실력의 한계를 절감하였습니다. 평범한 학생들이라면 6년이 걸리는 중·고등학교 과정을 1년 3개월 만에 마친 것이 문제였습니다. 정상적인 학교생활을 하면서 공부를 단계적으로 해 나가야 제대로 된 실력이 쌓일 텐데, 나는 주로 시험공부를 통해 자격을 취득하는 방향으로 공부해 왔습니다. 그러다 보니 부실한 곳이 한두 군데가 아니었습니다.

기본적인 기초 실력이 부족했습니다. 인권 변호사가 되겠다는 목표로 법학과에 진학하였지만, 나는 정작 법학과에서 공부를 하려면 어떤 능력이 필요한지 전혀 아는 바가 없었습니다. 법학과에 가야 사법 고시를 볼 수 있고, 변호사가 되어야 가난하고 약한 사람들을 도울 수 있다는 생각뿐이었습니다. 법학과에 진학하면 반드시 겪게 될 여러 가지 문제들이 무엇인지 전혀 생각하지 못하였습니다. 내 주변엔 그런 것들을 미리 알려 주는 사람도 전혀 없었습니다. 미리 알았다면 입학하기 전까지 한두 달 준비라도 했을 텐데 말입니다.

그중에서도 한자가 가장 큰 문제였습니다. 한문은 예비고사 과목에 포함되어 있었지만 워낙 배점이 낮았던 까닭에 아예 포기하였던 과목입니다. 막상 법과 대학에 입학하고 보니 한자를 모르고서는 도저히 공부를 할 수가 없었습니다.

대학교에서의 첫 수업을 마치고 청계천 서점을 돌면서 경제학 원론과 법학 개론 교과서를 헌책으로 사 왔던 날입니다. 집에 들어와서 경제학 책을 펼쳐 보는데 모르는 한자가 너무 많았습니다. 나는 정말 앞이 깜깜했습니다. 토씨만 빼놓고는 모두 한자로 쓰여 있었습니다. 한자 중에서도 아주 어려운 한자들이 태반이었습니다.

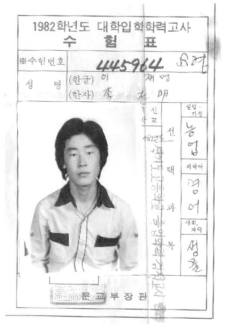

1982학년도 대학입학학력고사
수 험 표

※수험번호 445964

성 명 (한글) 이 재 명
　　　 (한자) 李 在 明

대학 입학 학력고사 수험표

공부를 어떻게 해야 할지를 모르겠다. 철학이나 법학, 행정학 개론 같은 책을 보면 이해가 되지를 않고 한자도 모르는 것이 너무도 많다. 한자 공부를 매우 많이 해야 하는데. 그리고 영어 공부도……

- 1982년 3월 17일

때마침 법대생이 된 처남 덕을 보겠다고 매형이 찾아왔습니다. 신원 보증서를 써 달라는 부탁이었습니다. 나는 한자를 몰라 도와줄 수가 없었습니다. 정말 창피했습니다. 결국 아버지가 대신 써 주었습니다.

9시 다 돼서 매형이 와서 신원 보증서를 써 달라고 했는데 한문은 아는 것도 없고 해서 아버지에게 써 달라 하라고 말했다. 매형은 그래도 내가 배웠다고 찾아왔는데 못 쓴다고 생각하니 창피했다.

- 1982년 3월 20일

아버지는 내가 딱했던 모양인지 한자 공부를 도와주겠다며 쓸 만한 옥편도 하나 사다 주셨습니다. 왠지 아버지가 가깝게 느껴지는 순간이었습니다. 그때부터 나는 천자문 쓰기

1982년 6월 1일 일기. 일기에 한자를 섞어 쓰기 시작한 첫날의 일기.
모친(母親), 칠시(七時), 책(册)가방 같은 표현이 재미있다.

부터 시작해서 본격적인 한자 공부를 시작하였습니다. 일기를 쓰면서도 최대한 한자를 쓰려고 노력했습니다. 처음엔 한자를 쓴다기보다 그림을 그리듯 따라 그렸습니다.

두 번째 고민거리는 엉망진창 글씨체였습니다. 시험을 치면 일단 답안지에 써진 글씨체가 좋아야 점수를 따고 들어갔습니다. 국어책처럼 반듯반듯하게 글씨를 쓰는 경필 쓰기 같은 것은 한 번도 해본 적이 없었습니다. 게다가 맞춤법도 자주 틀렸습니다. '예기하다'가 아니라 '얘기하다'가 맞다는 사실을 대학교 1학년 1학기를 마칠 즈음에야 알 정도였습니다.

121

법학 교수가 법 사상사 리포트를 작성해 오라고 하는데 글씨를 못 써서 정말 난리 났다. 시험이란 그저 글씨를 잘 써야 되는데 난 형편없는 졸필이니 걱정이 아닐 수 없지. 지금 보면 정말 할 것이 많은 듯하다. 행정학 하루분 가지고 몇 시간을 때워야 겨우 이해될 정도이고 영어, 경제학, 철학 등 정말 시간이 금쪽같은 생각이 든다. 이제 이 시간을 정말 절약해서 유용하게 사용하여야겠다. 길에 다니면서도 생각하고 어디 앉아 있으면 무엇이라도 보고 이렇게 열심히 해야겠다.

- 1982년 4월 1일

세 번째 고민거리는 전혀 대학 공부를 하는 방법을 모른다는 사실이었습니다. 다른 1학년 학생들은 보통 같은 학교 선배들의 도움으로 공부하는 방법이나 시험지 쓰는 방법도 배우고 시험 족보도 얻었지만, 검정고시 출신인 나에게 가르쳐 주는 사람은 아무도 없었습니다. 더욱이 주관식 문제인지라 어떻게 준비해야 할지 전혀 감이 잡히지 않았습니다. 이미 말한 바 있지만 나는 단 한 번도 주관식 시험을 치러 본 적이 없었습니다.

공부를 열심히 해야 하는데 잘 안 된다니 정말 미칠 노릇이다. 객관식 문제라면 문제가 아닌데 주관식 출제라니 더욱 미칠 노릇이다. 집에 공부할 곳이나 제대로 있으면 공부를 좀 해보겠는데.

- 1982년 4월 12일

당연히 첫 번째 중간고사 법학 시험은 완전히 망쳤습니다. 문제는 다 아는 내용인데 답안지 쓰기가 너무 어려웠습니다. 주관식 시험도 어려운 데다가 글씨체와 한문 쓰기도 매우 신경 쓰였습니다. 글씨도 못 쓰는데 책상 바닥은 왜 그리도 우둘투둘한지요?

엉뚱한 데 신경을 쓰다 시험 끝나는 시간도 착각했고, 시험지 뒷면에 답을 써도 되는 줄도 몰랐습니다. 허둥지둥 앞면에 답안을 모두 채우고 난 후에야 시간이 남았다는 사실을 깨달았습니다. 더 이상 어떻게 할 수도 없고 해서 일찍 나와 버렸습니다. 법학 개론이라는 전공과목 시험을 망쳐 버려 정말 충격이 이만저만이 아니었습니다.

오늘은 법학 시험날이다. 꽤나 가슴이 두근거린다. 적당히 필기한 것 훑어 보고 시험 보러 들어갔다. 처음 보는 주관식 시험인지라 떨렸다. 더구나 졸필인 데다가 우둘투둘한 책상에서 받치지도 않고 쓰라고 했다. 글씨는 잘되지 않고 한문은 써야겠고 정말 미칠 지경이었다. 문제 내용은 모두 아는 내용이었지만 답안 작성하는 법을 몰라서 앞면에만 열심히 줄여서 썼다. 나중에 딴 사람에 게 들으니까 뒷면에 쓰는 것이 좋다고 했다.

덤벙대는 성질 때문에 손해가 막심했다. 50분에 끝나는 줄 알고 시계를 보 니 2분밖에 안 남았다. 3문제를 써야 되는데, 할 수 없이 지렁이가 술 취한 글 씨같이 써 놨다. 거기다 양도 대폭 줄였다. 다 쓰고 나서 생각해 보니 2시에 끝 나는 것이다. 하지만 시간은 늦어 다시 쓸 수도 없고 해서 가만 앉았다가 그냥 내고 왔다. 법학 시험에서 매우 충격을 받아 가지고 공부할 마음이 생기지 않 았다. 그만두는 생각도 해보고 학원 다니는 생각도 해봤지만 골치만 자꾸 아파 졌다.

- 1982년 4월 19일

기본적인 독서량이 부족한 탓에 작문 과제를 하거나 철학 리포트를 하나 써낼 때에도 어려움투성이였습니다. 생전 해 본 적이 없는 일을 억지로 해야 하는 막막함. 차라리 과제를 내지 말아 버릴까 하는 생각이 들기도 했지만 포기하지는 않았습니다.

포기할 수가 없었습니다. 내가 겪어 내야 할 또 하나의 관문이라 생각했습니다. 나에게 무엇이 부족한지 꼼꼼히 따져 보고 나름대로 해결 방식을 찾아갔습니다. 일기장의 글씨체가 또박또박해지고, 한자를 많이 섞어 쓰기 시작한 것도 그중 하나입니다.

작문을 campus의 봄을 주제로 해서 해 오고 이력서를 써 오라 했는데 도대체 1page도 제대로 써지지 않았다. 겨우 2page 채워 가지고 내고 이력서는 한글로 써냈다. 또 걱정이 생겨서 공부가 안 되곤 하였다. 내신 성적 반영이라는 것 때문에 성적이 나쁘면 아예 시험에 응시도 어렵게 되는 꼴 난다. 중학교, 고등학교는 그냥 시험으로 때웠으니 정서 교육은 메마르고 작문은 되지 않는다. 더구나 글씨도 엉망이니 학점이 제대로 나올 리가 만무다. 담당 교수에게 가서 상담도 좀 해볼까 하다가 그냥 집으로 돌아오고 말았다.

- 1982년 3월 26일

철학 개론 리포트를 작성하는데 도대체 감이 잡히지 않아서 도서관에서 딴 철학 개론 책을 보고 베꼈다. 그것을 베끼는 데에도 꽤 시간이 걸렸고, 그것도 한 가지밖에 못 쓰고 가치와 윤리는 쓰지도 못했다.

- 1982년 6월 5일

이 어려움들은 사법 고시를 마칠 때까지 몇 년에 걸쳐 서서히 사라졌습니다. 모든 문제 해결에는 시간이 필요하기 마련입니다. 교복 한번 못 입어 보고 중·고등학교를 졸업해 버린 내 신세가 처량해서 대학에서만큼은 시간 좀 가지고 공부하고 싶었던 바람은 이렇게 엉뚱하게 이루어졌습니다.

대학에 장학생으로 들어왔다고 으쓱하는 마음이 생기자마자 모르는 게 너무 많다는 좌절에 빠졌습니다. 공부를 하지 않을 수가 없었습니다. 어려운 공부를 따라잡느라 생각처럼 즐겁기만 한 대학 시절을 보내지는 못하였습니다. 그래도 생략된 6년 세월을 뒤늦게 메꾸기 위해 열심히 노력했던 대학 시절은 어설피 엮여 있던 나의 빈틈을 채우는 과정이 되었습니다.

나는 지금도 여전히 부족한 것이 많은 사람이지만, 그 시절을 생각하며 용기를 내곤 합니다. 정말 모르는 것이 너무 많아서 큰 충격을 먹었어도 포기하지 않고 틈을 메꾸어 냈던 시절 말입니다.

다이어리 열하나,
꽃보다 청춘

대학생이 되었어도 나는 긴장의 끈을 놓을 수가 없었습니다. 단기간에 사법 고시에 합격해야겠다는 부담감이 컸습니다. 게다가 졸업 정원제라는 제도가 실시되어 학생들을 30%나 많이 뽑았습니다. 성적이 나쁘면 졸업을 하지 못했고, 취업 전쟁도 심각해졌습니다. 좋은 성적을 거두어야 한다는 심리적 부담이 컸습니다.

국어 과목 첫 작문 과제였던 '캠퍼스의 봄'에 대해 한 페이지도 제대로 못 쓴 것이 당연했습니다. 대학생이 되어 희망찬 캠퍼스 생활을 시작했지만, 나의 마음에는 아직 얼음장이 끼어 있었습니다.

꽃 피는 봄의 기쁨을 마음껏 누리고 싶었습니다. 억눌러 왔던 젊음을 만끽하고 싶었습니다. 머리는 도서관에 처박혀 공부만 하라고 하는데, 내 마음은 자꾸 놀자고 말을 걸어왔습니다. 갓 스물의 청춘에게는 너무나도 자연스러운 현상이건만 나는 번번이 죄의식에 사로잡히곤 했습니다.

오늘은 집에 와서 읽을 도서 정리 좀 하려고 했는데 집에 들어오니까 또 하기 싫어졌다. 내가 정말 너무나 게을러진 것 같아 정말 어찌해야 될지 모르겠다. 공부가 하기 싫어지는 것인지. 더구나 취직 땐 대학의 성적이 내신으로 반영될 텐데⋯⋯.

- 1982년 3월 6일

이제 결정적 결심을 함에 있어서 새로운 각오가 요구된다. 하지만 도대체 이유가 무엇인지 책을 읽어도 이해가 안 되니 정말로 미칠 노릇이다. 자꾸자꾸 읽으면 될 것도 같지만 도대체가 이해가 안 된다. 제대로 교육을 못 받아서인 것 같다. 책도 읽어 보지 않아서인 듯하다. 그런데 집에만 오면 공부도 안 되고 신경도 신경만 쓰인다.

- 1982년 3월 19일

나의 마음을 조금이나마 해방시켜 준 것은 오리엔트 공장 시절부터 친구가 되어 함께 검정고시를 보고 같은 대학에 입학한 나의 단짝 친구 정운이가 알려 준 고급 정보(?)였습니다.

저녁에 집에 오니 정운이가 와서 얘기 좀 하고 놀았는데 중요한 얘기를 들었다. 졸업 정원제는 2학년 성적만 적용된다는 것이다. 매우 안심이 된다. 이제 1학년 때는 좀 놀아야겠다.

- 1982년 4월 24일

　겨우 1년의 자유였지만 조금이나마 마음의 여유가 생긴 것은 사실이었습니다. 친구들과 함께 도서관에 자리만 잡아 놓고 땡땡이를 치기도 했습니다. 밤 10시까지 연못가에서 노래를 부르고 손뼉을 치면서 놀다 보니 비로소 캠퍼스의 봄이 무엇인지 느껴졌습니다.

수업이 끝나고 도서관에 가서 공부하다가 석진이가 엉뚱한 소릴 해서 또 거기 말려들어 가서 나가 놀았다. 한문 공부 몇 자 하고 또 나가 노는 것, 한심한 친구들아! …… 어쨌든 그로부터 연못가에서 노래 부르고 손뼉 치고 하면서

10시까지 시간을 보냈다. 학교란 곳이 좋기는 좋구나. 고성방가를 해도 뭐라고 하는 사람이 없으니.

석진이하고 얘기하는 중에 내일은 衆佛(중불)반에 들자는 얘기가 나왔다. 사실 난 약간 불교적 기질이 있는 것도 사실이고, 내 자신도 불교에 약간의 호감이 간다. 지금처럼 마음이 혼란할 때 불교란 것이 약간의 도움이 되지 않을까 해서. 정말 지금처럼 공부하지 않고 놀기만 하면 장차의 내 꼴이 뭐가 될지 예측도 할 수 없는 상태에 이르게 되는데 어찌할 줄을 모르겠다. 요즘은 또 봄이라서인지 너무도 나른하고 피곤하다. 아침에 일어날 때는 항상 엄마하고 실갱이를 벌여야 하는 판이니.

- 1982년 5월 27일

1학기 기말고사가 끝나자마자 나는 정운이와 함께 강원도로 여행 떠날 준비를 하였습니다. 배낭도 사고, 신발도 사고, 좋아하는 낚시를 할 생각에 낚싯대도 하나 준비했습니다. 여행을 떠나기 전날 밤에는 잠도 설쳤습니다.

우리는 성북역에서 경춘선 열차를 타고 춘천까지 갔습니다. 1시간 15분 뒤에 있는 기차를 기다리기가 싫어서 출발 30초를 남겨 둔 기차를 타느라 헐레벌떡 뛰어갔습니다. 한시

라도 빨리 일상으로부터 탈출하고 싶었던 것입니다.

　570번 버스를 타고 신설동에 내렸는데, 한 정거장 전에 내려서 한참을 걸어서 가야 겨우 지하철을 탈 수 있었다. 붉은 스타킹에 흰 모자, 청바지, 흰 티셔츠, 붉은 배낭 위에 라디오. 정말 여행을 떠나는 기분을 만끽할 수 있었으며, 또한 남들이 내게로 관심의 눈길을 던져 줄 때엔 마치 내가 야구장 우승 팀의 4번 타자라도 된 듯한 망상, 아니지, 착각에 빠지기도 했다.

어찌 되었거나 성북역에 도착해서 경춘선 열차를 타려고 표를 사고 나니 바로 출발이 30초 정도밖에 안 남았고, 다음 차는 무려 한 시간 15분 뒤에나 있었다. 무거운 배낭을 메고 헐떡헐떡 계단을 뛰어서 들어가서 차에 타자마자 기차는 기적 소리도 요란하게 떠나가고 있었다. 자리가 없어서 한참 헤맸지만 마침 휴일도 아닌 평일이고, 딴 학교는 아직 방학을 하지 않은 덕에 앉아 갈 수 있었다.

- 1982년 6월 29일

길 떠나면 고생이라고 해도 익숙한 일상을 떠나는 것과 무슨 돌발 변수가 생길지 모른다는 것 자체가 여행의 매력일 것입니다. 우리는 춘천에 있는 정운이네 큰집에서 하룻밤을 묵은 후 소양강댐으로 갔습니다.

역시 예상대로 되는 일이 없었습니다. 시내버스와는 달리 시외버스는 대학생 할인이 되지 않아 경비 문제가 발생했습니다. 인제 가는 배를 타지 못하고 양구 가는 배를 탔습니다. 목적지는 바뀌었어도 배를 타고 보니 과연 멋이 있고 운치와 낭만이 있었습니다.

배는 안동 갈 때 한 번 타 보고 이번이 두 번째지만 정말로 멋이 있고 운치, 낭만이 있었다. 뱃전에 가늘게 스치는 흰 거품의 물보라. 스크류에 의해서 생겨 나는 배 뒷전의 흰 물거품. 양안에서 나타나는 오염되지 않은 푸른 숲과 긴 시 간을 물에 씻겨서 층이 진 붉은 호수면 위. 물속에 잠겨 표토는 씻겨 나가고 이 제 뼈만 남은 듯이 불그스름한 바윗돌과 익사한 듯이 붉게 변색되어 죽어 있는 소나무와 잡목들. 배 밑의 푸르다 못해 검은색을 띤 호수 물은 금시라도 배와 사람들을 삼킬 듯하여 어떤 때는 현기증이 나기도 하였다.

- 1982년 6월 30일

우연한 만남도 있었습니다. 양구 가는 배 안에서 우리 학교 공대에 다니는 배재영이라는 친구를 만났습니다. 재영이는 자전거로 전국을 일주하는 중이었는데, 동갑내기였던 우리는 즉석에서 동행이 되기로 결정하였습니다. 어디로 튈지 모르는 럭비공 같은 여행이었습니다.

저녁 무렵에야 양구에 도착한 우리는 무모한 도전을 하게 됩니다. 재영이가 지금 당장 인제로 가는 광치 고개를 넘어가 자는 것이었습니다. 피가 끓는 젊음이었던 우리들은 저까짓 고개쯤 못 넘으랴 호기를 부리며 군인들이 말리는데도 라면으로 저녁을 때우고 고개를 넘기 시작했습니다. 날이 완전히 어두워지자 달빛만 희미하고 별은 총총한데 굽이굽이 고갯길은 끝날 줄을 몰랐습니다. 발바닥에는 물집이 잡혔고, 입에서는 신음 소리가 터져 나왔습니다. 아휴! 첫 번째 나오는 소리. 아이구! 두 번째 소리.

> 날이 어둑어둑해서 광치 고개 아랫부분에 도착하니 올려다보이는 곳이 까마득하구나. 아휴! 첫 번째 나오는 소리. 아이구! 두 번째 소리. 기타 등등 하여 한창을 올라가고 또 한참을 올라가니, 이제는 날이 완전히 어두워 밤새가 날아다니고 별이 총총이고 달은 반달이 조금 더 되어 희미하게 어두운 고갯길을 비쳐 주고 있었다.

> – 1982년 6월 30일

　무모한 도전을 제안한 재영이가 살짝 원망스러운 마음이 들기도 했지만, 쉬지 않고 발걸음을 이어 가자 광치 고개는 점차 내 발밑으로 고개를 숙이며 엎드렸습니다. 고통스러운 한 걸음을 내딛어야만 얻을 수 있는 정상 정복의 쾌감이었습니다.

아랫 고개에서 출발할 때는 날이 밝았는데, 막상 고개를 오르기 시작했더니 날은 어두워지고, 한 굽이 돌며 또 다른 그리고 더 높은 굽이가 나오고, 정말 미칠 정도로 답답하고 괜히 올라왔다는 생각과 또 재영이 녀석 때문에 괜히 고생한다는 생각, 또 한편으로는 내가 오를 길이 길 아래 아득히 보이고, 저 먼 산봉우리들이 점차 내 발밑에 죽어 엎드릴 때는 사나이의 정상 정복의 기쁨을 느끼기도 하였다.

또 저 깊은 숲에서 금시라도 무엇이 튀어나올 것 같은 생각과 또 저 먼 곳에서 보이는 사람 모양의 판자 조각이 마치 사람이라도 되는 것처럼 가슴속이 마치 토끼 간처럼 뛰기도 하였다. 발바닥은 물집이 생겼는지 어쨌는지 쪼개는 듯이 아프고, 어깨는 마비 상태고, 고개는 제대로 돌아가지가 않으니 참으로 고개는 정상이 없는 듯하기도 했다. 나중에는 짐이 문제가 되지 않는, 즉 짐의 무게는 신경의 대상에서 제외된 듯이 발바닥 때문에 미칠 노릇이었다.

그런데 이제 점차 우리가 올라온 길이 저 달빛 아래 까마득히 보이고, 산봉우리 높이 안개가 걸리고, 저 앞에 보이는 마지막인 듯한 생각에 발걸음도 힘차게 걸었다. 그러나 또 다른 산봉우리. 정말 고역의 산행이었다. 이것도 또한 인생이다.

- 1982년 6월 30일

와! 우! 마침내 정상에 올라선 우리들이 내뱉을 수 있는 표현은 이것뿐이었습니다. 너무도 기분이 좋아서 우리는 두 번이나 기념 촬영을 하였습니다.

드디어 정상 부근에 도착하자 저 멀리 인제 쪽에서 안개가 자욱이 넘어오고 있었다. 정말 그 장관이란 어떻게 형용할 수가 없었다. 한마디로 와! 그때 시간이 9시 27분이었다. (밤) 6시 40분쯤에 출발해서 거의 세 시간이 걸린 것이다. 하지만 거기서도 정상은 멀고 멀었다. 하지만 배는 고팠기에 사 온 라면을 생것으로 뜯었다. 그 맛이란 불란서 빵집에서 가져온 1,000원짜리 빵보다도 맛있는 이 세상의 진미. 그것이었다.

정상에 도착하자 안개는 발밑에 깔려서 정상 낮은 부근으로 천천히 넘어오고 있었다. 우……! 이렇게밖에 표현하지 못했다. 이 세상의 어떤 형용사를 가져다 붙여도 그런 광경은 표현할 수 없을 것 같았다.

거기서 기념 촬영을 두 번 해서 인생의 대기록을 남기고 천천히 고개를 걸어오기 시작했다. 정상 부근은 너무도 높아서인지 안개는 저 아래 한창 밑부분에서 감돌고 있었다. 올라올 때는 죽어라 고생을 했지만, 안개가 흐르는 방향으로 하산을 하려니 기분이 너무 좋아 한참을 노래 부르며 고함도 질렀다.

－1982년 6월 30일

하산길도 만만치 않았습니다. 발목 아래쪽 뼈가 참을 수 없이 아파 오기 시작한 것입니다. 나는 결국 자전거에 매달려 가는 신세가 되었습니다. 친구들한테 폐를 끼쳐 몹시도 미안 했습니다. 아무래도 더 이상 하산을 강행하는 것은 무리라고 생각하여 우리는 어느 낯선 집 옆에 텐트를 치고 라면을 맛있 게 끓여 먹은 후 좁은 텐트 안에 몸을 눕힌 채 곤한 잠에 빠져 들었습니다. 참으로 힘든 하루였습니다.

대학생이 되어 맞이한 첫 여름 방학, 동갑내기 세 사람이 함께 했던 강원도 여행은 강렬한 추억으로 남아 있습니다. 밤 을 새워 광치 고개를 넘는 것은 참으로 무모한 도전이었습니 다. 그 도전을 통해 평생을 두고 간직할 인생의 교훈을 얻었 습니다.

산은 구름에 가려 제대로 앞에 산이 보이지 않는데, 그때야 생각할 때 '과연 산이 구름에 가리어지지 않고 완전히 노출되어 모든 그 깊은 골짜기를 드 러냈더라면 과연 지금까지의 그 긴 고갯길을 내려올 수 있었겠는가' 하는 생각 이 들며 인생도 첩첩산중의, 즉 한 가지의 고난을 극복하면 또 한 가지의 고난 이 밀려오는 苦海고해이지만, 인간은 그러한 새로운 고난이 밀려온다는 사실을

동갑내기 친구들과 떠난 강원도 여행

구름 덕분에 알지 못하고, 마치 이런 고난이 지나면 행복의 창이 활짝 열려 있는 것처럼 생각하고 희망에 산다는 생각이 들었다.

만약 인간이 그러한 고난의 앞날을 훤히 내다본다면, 인간은 괴로움에 힘들어하다가 결국은 우울하고 지겨운 나날을 보내게 될 것이 뻔하다. 여기서 인간은 한 목표를 설정하고 열심히 그 보이지 않는 구름에 가린 목적지를 향해 열심히 달릴 때, 그 과정 또한 커다란 의의를 줄 수 있는 것이며, 또한 그 목적지에 도착했을 때 느낄 수 있는 희열이란 매우 큰 것이다.

- 1982년 6월 30일

다이어리 열둘,
먹고 싶을 때마다 과일을 먹는 꿈

우리 식구들은 모두 과일을 좋아합니다. 신선한 제철 과일처럼 맛있는 먹거리도 없을 것입니다. 내가 어렸을 때 신선한 과일을 먹기란 특별한 날에나 가능했습니다. 당장 밥 먹고 살기도 어려운 시절이어서 과일을 먹는다는 것은 사치였습니다.

그래선지 제삿날이 좋았습니다. 제삿날이면 서울에서 과일 장사를 하는 삼촌이 제수용 과일을 싸 들고 오셨습니다. 삼촌이 가져온 과일은 흠이 하나도 없는 신선한 과일이었습니다. 그렇게 보기 좋고 맛있는 과일은 제삿날에나 구경할 수 있었습니다.

어느 날인가는 아무리 기다려도 삼촌이 오시지 않아서 기다리다 못한 어머니가 과일을 사 왔습니다. 삼촌은 제사가 다 끝난 다음에야 헐레벌떡 들어오셨습니다. 졸다가 버스 정류장을 놓쳐서 종점까지 갔다 오셨다고 합니다. 얼마나 마음을 졸이셨을까요? 가슴에 품고 온 과일 담긴 봉투가 꼬깃꼬깃 구겨져 있었습니다.

밤엔 제사가 들어서 누나가 두부를 부쳤다. 거기서 좀 얻어먹고 집에 돌아오니 형들이 와 있어서 좀 붙어 있을 수 있었다. 형들이 있으면 집에 붙어 있기가 편했다. 밤엔 제사가 드는데 아마 삼촌이 올 것인데 11시가 넘어도 오지 않아서 어머니가 800원어치의 과일을 사 오셨다. 과일은 매 제사 때마다 삼촌이 가지고 오셨기 때문에 집에서는 아예 과일 준비를 안 하곤 했다. 그런데 제사 끝내고 젯밥 좀 들고 나니까 그제서야 삼촌이 헐레벌떡 들어오셨다. 차를 타고 졸다가 종점까지 갔다가 또 차를 잘못 타서 나중엔 택시를 타고 오셨다고 했다.

- 1982년 2월 17일

내 추억 속의 과일에는 쓴맛도 가득 배어 있습니다. 모든 날이 특별한 날이라면 얼마나 좋았을까요. 특별하지 않은 날에 먹었던 과일들은 참으로 마음이 편치 않은 것이었습니다.

청소부였던 아버지는 쓰레기를 치우다가 썩은 과일을 자주 주워 오셨습니다. 없는 형편이라도 가족들에게 과일을 먹이려는 마음이었을 것입니다. 그 마음이 어떤지는 알았지만 아버지한테 썩은 과일을 받아먹는 것이 즐겁지는 않았습니다.

아버지가 지금 2신데 들어오셨다. 재문이는 조금 전에 들어왔고. 아버지는 썩은 귤 2개 가져와서 엄마 먹으라고 꺼내다가 엄마가 신경질 냈다. 그걸 나 먹으라고 주었다. 싫다고 했다. 고맙긴 하나 역시 보기 싫다. 지금도 책 보는데 불 끄란다.

— 1980년 1월 9일

집에 오니 엄마가 떡을 굽고 있었다. 공부 좀 하려 했더니 아버지가 봉투 만 든다고 온 방바닥 난리라서 한참 텔레비 봤다. 한참 후에 아버지가 나가셨다 가 들어올 때 사과 썩은 것 가지고 와서 먹었다.

— 1980년 2월 18일

물론 아주 먹을 수 없는 정도는 아니었습니다. 상대원시장 과일 가게에서 내다 버린 과일들이었습니다. 완전히 끝물인지라 더 이상 상품 가치가 없는 과일들이었죠. 그런 과일들을 한밤중에 가져오는 아버지. 냉장고가 없던 시절이라 과일들은 그 자리에서 다 먹어 버려야 했습니다. 물러진 부분들을 도려내면서 말입니다.

이런 일도 있었습니다. 아버지와 함께 쓰레기를 치우러 나갔는데, 아버지가 쓰레기 더미에서 토마토를 주워서 먹는 모습을 본 것입니다. 그 모습을 바라보는 내 마음은 심히 괴로웠습니다. 아버지는 나에게 배를 주셨습니다. 나는 받지 않으려고 했다가 결국 받았습니다. 왜 우리는 이렇게 살아야 했을까요.

쓰레기 치다가 아버지가 쓰레기 더미에서 토마토를 주워서 먹는 것을 봤을 때 내 마음은 심히 괴로웠다. 나에게 배를 하나 줬다. 안 받겠다고 했더니 결국 받았다. 나갈 때는 죽고 싶어서 내일 수면제 사다가 먹고 죽으려고 하다가 갑자기 죽는 것이 싫어졌다. 들어와서 배를 깎아 먹었다. 특별한 맛이 없었다. 그냥 삼키는 것이다. 차라리 아버지에게 나의 답답한 심정을 얘기할까. 아버지도 참으로 불행한 사람이다.

- 1980년 5월 31일

매형의 과일 이야기도 빼놓을 수가 없습니다. 일자리를 얻지 못한 매형은 리어카를 놓고 과일 장사를 했습니다. 배도 팔고 참외도 팔았습니다. 장사 수완이 영 없었습니다. 그런 매형을 아버지는 탐탁지 않게 여겼습니다. 매형이 가장 노릇을 제대로 못한다는 이유였습니다. 아버지 역시 한때는 그랬던 적이 있으면서도 딸 고생시키는 사위는 마음에 들지 않았나 봅니다.

사실 나는 매형 마음도 이해가 되었습니다. 내가 아버지 등쌀에 작업복 입고 쓰레기 치우는 모습을 사람들에게 보이기 싫어했던 것처럼, 안동 양반이자 시골 사람이었던 매형이 성남 상대원시장에서 참외를 팔기란 참으로 창피했을 것입니다. 그래서인지 매형은 자주 장사를 걸렀고, 장사를 하러 나가는 날에는 술을 한잔 걸쳐야 했습니다. 빨리 팔아 치우려고 그랬는지, 내가 반가워서 그랬는지 장사하는 매형을 찾아가면 참외를 깎아서 먹으라고 주기도 했습니다.

저녁에 매형이 참외 장사를 하고 있었다. 술에 취해 가지고. 아버진 매형에 대해 불만이 많은 것 같음. 매사에 매형을 뭐라 했다. 공부하려고 그러니 하기가 싫었다. 그래서 매형 있는 데 갔더니 장사를 하는데 참 희한하게 했다. 술 먹고 고함을 빽빽 질렀다. 참외 하나 얻어먹고 들어왔다.

- 1980년 6월 14일

누나는 매형이 팔다 남은 참외들을 우리 집에 자주 가져다 주었습니다. 누나가 참외를 들고 친정으로 찾아오는 것은 자신의 신세타령을 털어놓는 것과 마찬가지였습니다. 참외는 맛이 좋았지만 속이 편하지는 않았습니다. 매형이 또 참외를 못 팔았구나 하는 생각이 가슴에 얹혀 왔으니까요. 어느 날인가는 누나가 참외를 건네주는데 안 먹겠다면서 신경질을 부리고는 속으로는 몹시 미안해했던 적도 있습니다.

어떤 날에는 전날 밤에 누나가 갖다준 참외를 찾으러 매형이 찾아온 적도 있습니다. 장사하러 나가야 할 참외인데 처가 식구들이 모두 먹어 버렸으니 민망하기 짝이 없는 상황이었습니다. 엄마는 어쩔 도리 없이 매형한테 돈을 치러 주었습니다. 매형은 그 돈을 받아 가지고 가 버렸습니다. 서먹서먹한 분위기에 마음이 쓰려 왔습니다.

나중에 매형이 내려와서 참외를 찾았다. 어제 누나가 내려와서 참외가 썩으니 먹어 버리라고 했다. 그래서 다 먹어 버린 모양인데, 엄마가 어쩔 수 없이 5,800원 줬다. 매형은 그걸 또 받아 갔다. 이해관계 때문에 누나 집이 자꾸 멀어지는 것 같아서 기분이 과히 좋지가 못하다. 매형 집 뜯는 데 가서 거들어 주고 옥상에서 길가를 내려다보며 명상에 잠겼다.

- 1980년 6월 20일

아버지가 주워 온 썩은 과일과 매형이 팔다 남은 참외. 도저히 마음 편할 수 없는 아픔이 배어 있는 추억 속의 과일입니다. 아버지가 주워 온 썩은 과일을 못 먹겠다고 거절할 수도 없었습니다. 매형이 팔다 남은 과일을 먹는 일도 항상 부담스러웠습니다.

나이가 들어 경제적으로 독립하면서 내 돈으로 신선한 과일을 사 먹게 되니 어찌나 후련했는지 모릅니다. 나는 과일 먹는 꿈을 실현한 사람이 나 혼자만이 되지 않길 바랐습니다. 어느 누구나 먹고 싶을 때 신선한 과일을 먹을 수 있는 것. 그것은 나의 또 다른 꿈이 되었습니다.

"3년 만에 처음으로 과일을 사 먹었어요!"

성남시의 청년 배당을 받은 한 학생이 말했습니다. 그 말을 들었을 때의 기쁨을 잊을 수가 없습니다. 삼촌이 맛난 과일을 들고 오시는 제삿날과 명절만 기다렸던 소년 이재명처럼, 이 학생이 청년 배당 덕에 온 가족과 함께 따뜻한 명절을 보내며 과일을 먹었을 모습을 상상하니 괜스레 눈물이 핑 돌았습니다. 마치 과일 하나 마음 편히 먹지 못했던 어린 나에게 지금의 내가 보내는 선물 같았습니다.

"국가는 국민의 복지 증진을 위해 노력해야 한다.

국민의 권리인 것이다."

다이어리 열셋,
나에게도 좋아하는 여자가 생겼다

나에겐 여자 친구가 필요했습니다. 내 이야기를 들어 줄 여
자 친구 말입니다. 가족들에게도 공장 친구들에게도 털어놓
지 못할 내 답답한 속마음을 이야기하고 싶었습니다. 그저 이
야기를 나누고 싶었던 대상이 나에겐 여러 사람 있었습니다.
여러 사람이 있었다는 것은 결국 모두 실패했다는 뜻이지요.

나는 남자답지 못했습니다. 소심한 성격이었던 나는 남자
답게 말 한마디 걸지 못하고 마음만 태웠습니다. 게다가 쓸데
없는 자존심만 강해서 조금이라도 거절당한다 싶으면 마음을
접어 버리곤 했습니다.

소년공 이재명의 마음에 사랑의 감정이라는 싹을 틔웠던

여자는 바로 오리엔트 공장의 검사실 그녀였습니다. 검정고시 합격 후 죽어도 들어가기 싫었던 오리엔트 공장에 재입사했던 시절입니다. 다시는 돌아오지 않겠다고 큰소리치고 나간 회사에 재입사했다는 사실이 부끄럽기만 했는데, 그때 그녀가 내 마음에 들어와 버렸습니다.

회사에서 막 떠들고 놀았다. 그것은 건방져서가 아니라 나 자신이 창피한 것을 나 자신에게 속이기 위한 수단이었다. 어제와 마찬가지로 창피했다. 만나는 사람마다 "너 다시 들어왔니?" 특히 검사실 다니는 여자애가 볼까 봐 겁이 났다. 확실히 난 그 여자애가 좋아졌는가 보다. 그 애가 보는 것이 제일 창피하다. 해서 식당에선 손으로 얼굴을 가리고 다녔다. 며칠 지나면 괜찮아지리라.

- 1980년 7월 21일

편지를 써서 마음을 전해 볼까 하다가 주머니 속에만 넣고 다녔습니다. 공장 동료들의 눈에 띄면 창피할 것 같아서 카세트테이프에 편지를 끼워 넣는 작전까지 썼는데 말입니다. 테이프에 담긴 음악은 내가 당시에 좋아했던 베토벤의 〈운명〉교향곡이었습니다. 노점에서 천 원 주고 샀는데, 그동안 듣던 경음악과는 다른 깊이가 느껴져서 선물로 주려고 했습니다.

며칠을 망설인 끝에 어렵사리 말을 걸었지만, 두어 마디 일상적인 대화를 나누곤 그만이었습니다. 난 자존심이 상했고, 그녀가 다른 남자 동료와 웃으며 대화를 나누는 장면을 목격하고는 마음에서 깨끗이 지워 버렸습니다. 연애편지에는 결코 어울리지 않을 〈운명〉 교향곡만큼이나 난 너무 진지했고 촌스러웠고 어설펐습니다.

두 번째 짝사랑은 독서실 그녀입니다. 대학 입시 준비를 하면서 다니던 독서실에서 알게 되었습니다. 공부에 방해가 될까 봐 눌러놓았던 마음이었습니다. 대학에 입학한 이후 그 마음이 솟아 나와 막연한 그리움으로 그녀를 찾아 헤매곤 했습니다. 우연히 길에서 마주치기를 기대하면서 말입니다.

어느 날 드디어 그녀를 발견했습니다. 나는 용기를 내어 그녀에게 다가가서 말을 걸어 보았습니다. 그때 나는 추리닝 차림인 데다가 주머니에 돈 한 푼 없어서 커피 한잔 마시자고 할 수도 없었습니다. 당황한 마음에 횡설수설하다가 다음에 한번 보자는 이야기도 하지 못하고 헤어졌습니다. 여전히 그녀의 이름도, 학교도, 주소도 알지 못한 채로 말입니다.

할 일도 없고 해서 자전거를 타고 나갔는데, 독서실 나갈 때 같은 독서실에 있던 여학생을 만났다. 그땐 나도 그 애를 마음속으로 좋아했었고, 그 애도 나의 판단으로는 날 좋아하는 듯했다. 하지만 난 큰 뜻을 위해 그 작은(?) 로맨스를 버리기로 했었다. 그런데 그 학생을 오늘 길거리에서 만났던 것.

길가에 같이 다니던 학생하고 같이 서 있었다. 가서 인사를 하고 얘기를 좀 나누었다. 헌데 옷은 밑은 추리닝에 상의는 남방만 걸치고 나갔으니. 더구나 자전거를 타고 나가고 엎친 데 덮친 격으로 돈이 한 푼도 없으니 커피도 한잔 살 수가 없었다. 결국 한번 만나자는 얘기도 하지 못했다.

나중에 나갔다가 돌아오는 길에 한참 동안 살피며 찾았는데, 나중에 돌아오면서 보니까 그곳에 앉아 있는 듯했다. 왠지 겁이 나서 얼른 집으로 오고 말았다. 하지만 집에 와서도 그녀 생각을 떨쳐 버릴 수가 없었다. 옷 갈아입고 나가니 있을 리가 만무. 한참이나 왔다 갔다 하며 찾았지만 있을 리가 없지. 이번에 또 만나면 커피라도 사려고 했지만 헛일. 지금도 자꾸 그 아이 생각만 난다. 이름도, 성도, 학교도, 집도 모르니 이걸 어떻게 할까.

- 1982년 3월 14일

숙맥 같은 나의 마음을 위로해 주는 여자 사람 친구가 딱 한 명 있었습니다. 안동 삼계초등학교 동창이었던 경숙이라는 아이였습니다. 경숙이는 어린 시절부터 친구였기 때문에 다른 여학생들과는 달리 쑥스럽지도 부끄럽지도 않았습니다.

경숙이를 다시 만난 시기는 1980년 여름입니다. 고향을 떠나온 지 4년 만에 엄마와 안동에 가서 여러 날 묵었습니다. 그때 초등학교 동창들을 만나 즐거운 시간을 보냈습니다. 같은 추억을 함께 갖고 있다는 것은 어찌나 즐거운지요.

안동에 다녀온 이후로 경숙이와 나는 종종 편지를 주고받았습니다. 아픈 팔을 고치기 위해 오리엔트에 재입사했던 시절, 경숙이가 보내 준 격려 편지는 너무나 반갑고 기쁜 소식이었습니다.

경숙이에게서 답장이 왔다. 정말 기쁜 일이어서 얼른 뜯어 봤다. 엄마한테 돈 얻어서 즉시 편지지 사서 다시 답장을 썼다. 나에게 답장을 해 온 경숙이, 정말 고마운 일이다. 나의 고향 친구이자 국민학교 동창인데, 지금은 고 2의 이 팔청춘 소녀이다. 거기에 나에게 격려의 말도 있었다. 거기에 힘입어서 열심히 공부하리라.

– 1980년 9월 26일

경숙이는 내가 대학에 입학하던 해에 고향에 있는 국립 대학교의 역사교육학과에 입학하였습니다. 고향을 떠나지 않고 학교에 다니는지라 고향 친구들 소식도 경숙이를 통해 전해 듣곤 했습니다. 대학 공부에 어려움을 겪을 때에도 경숙이의 편지는 나에게 위로가 되어 주었습니다.

어제 경숙이에게서 편지가 왔다. 정말로 그 애의 편지는 내게 큰 도움이 된다. 하고 싶은 말들을 그냥 쓱쓱 적어 보내면 조금은 시원해지는 것 같기도 하다.

— 1982년 3월 17일

편지로만 소식을 주고받던 경숙이를 다시 만나게 된 것은 1985년 가을의 일입니다. 사법 고시 2차 시험에 낙방하여 절망의 나락에 떨어져 끝없이 방황하는 내게 아버지는 안동에 내려가서 쉬고 오라고 권유하였습니다. 그때 안동에서 경숙이를 만났습니다. 나는 비로소 경숙이에게 특별한 감정을 갖고 있다는 사실을 깨달았지만, 이미 경숙이에게는 사귀는 사람이 있었습니다. 그 이야기를 동생 재문이에게 듣던 순간 참으로 안타까웠습니다. 그렇게 해서 나의 세 번째 짝사랑도 끝이 났습니다.

고향에 가서 경숙이를 만났고, 경숙이의 얘기를 들었으며, 오늘은 경숙이를 보았던 때. 나는 내가 찾고자 하던 여인의 모습을 발견하였다. 나와 친구 사이라는 엄연한 사실이 개입하여 아무 말도 하지 못하고 오히려 실망적인 얘기, 즉 재문이로부터 경숙이가 사귀는 사람이 있다는 얘기를 듣게 된 것이 전부다.

- 1985년 10월 18일

나는 짝사랑 전문이었습니다. 마음 통하는 여자 친구와 이야기를 나누고 싶은 생각은 굴뚝같았지만, 소심한 성격에 자존심만 센 스타일이라 여자 친구를 사귈 능력이 없었습니다. 여자 친구를 사귀면 공부에 도움이 되지 않겠다고 생각하며 마음을 다잡곤 했습니다. 처음에는 대학에 갈 때까진 참아야 한다고 결심했고, 대학에 가서는 사법 고시에 합격하는 날까지 참겠다고 매일 결심했습니다.

물론 대학에 가니 여학생들을 만날 기회도, 갈등도 많아졌습니다. 지성적이고 당당하고 똑똑한 여학생들과 그냥 친구처럼 지내면 안 될까 하는 마음도 들었습니다. 그럼에도 나는 여전히 부끄러움을 탔습니다. 자연스럽게 남자 사람 친구처럼 지낼 능력이 전혀 없었습니다.

> 조금 전 수업 전에 그 애는 내게 미소를 띠었다. 물론 공식적인 것이긴 해도 어쨌든 그 애와의 대화의 문은 열린 것이다. 내가 좀 더 대담하고 남성적인 기질을 가졌다면 큰 문제도 아니지만, 난 그렇지가 못한 사람임을 잘 알고 있다. 하지만 결코 이것을 비관하거나 나쁘게 생각하지는 않는다. 사람이란 이런 사람도 있고 또 저런 사람도 있게 마련이니까. 어쨌거나 처음엔 커피나 한잔 살까 했지만 용기(?)가 없어서 말을 못 하고 말았다.
>
> - 1982년 4월 6일

어쩌면 너무 자존심이 셌기 때문인지도 모릅니다. 소년공 출신의 특별한 인생을 살아왔기에, 굽은 팔 때문에 긴팔 옷만 입고 다니기에, 집안 형편이 넉넉지 않기에…… 이런저런 문제들이 나를 주눅 들게 만들 때마다 더 고집스레 결심했습니다. 큰 뜻을 이루기 위해서 지금의 현실을 인내하고야 말겠다고요.

신혼여행 중인 이재명 부부

결국 나는 사법 고시에 합격하고 연수원 생활을 마친 후 변호사 사무실을 성남에 개업하고서야 내 인생의 반려자를 만납니다. 당시 유행하던 '007 미팅(소개시켜 주는 사람 없이 둘이 알아서 만나는 미팅)'으로 만났는데, 나는 사실 첫눈에 반했습니다. 처음 만난 자리임에도 나는 검정고시 출신이라는 사실과 살아온 이야기, 집안 형편도 모두 털어놓았습니다.

여전히 너무 진지했고 촌스럽고 어설펐습니다. 유복한 가정에서 자라 피아노를 전공한 24세 여성으로서는 받아들이기 어려운 폭풍 같은 이야기였을지도 모릅니다. 놀랍게도 그녀는 내 이야기를 귀 기울여 들어 주었습니다. 그날 우리는 차도 마시고 밥도 먹었습니다.

한여름이었던 8월의 첫 만남 이후 우리는 하루도 빠지지 않고 만났습니다. 가을에 양가 어른들의 결혼 승낙을 받아 다음 해 봄인 1991년 3월에 결혼식을 올렸습니다.

이야기를 나눌 여자 친구를 만나고 싶었지만, 소심한 데다가 자존심만 세서 아무도 사귈 수 없었던 나에게 평생 좋아해도 되는 여자가 마침내 생긴 것입니다. 아내는 나에게 두 아들을 연년생으로 안겨 주었고, 아이들을 잘 길러 주었습니다. 인권 변호사로 일하던 중 검찰에 구속되었을 때에도 그 세월을 잘 견뎌 주었습니다. 정치가의 길을 걷고 있는 지금 이 순간에도 내 곁에는 아내가 있습니다.

나는 지금도 많은 이야기들을 아내와 함께 나눕니다. 아내가 차려 준 집밥을 먹으며 밖에서 있었던 일을 이야기하는 것이 나에게는 가장 큰 행복입니다. 아내가 전해 주는 이야기들을 유심히 들었다가 정책에 반영하기도 합니다. 앞으로는 다른 이야기들도 더 많이 들어야겠다고 생각합니다.

처음 만난 날 내가 폭풍처럼 쏟아 놓았던 이야기를 아내가 귀 기울여 들어 주었던 것처럼, 앞으로의 세월에는 아내의 이야기에 더 많이 귀 기울이고 싶습니다. 그것이 정치가의 아내로서 상처받고 마음 졸이며 살아가는 내 아내에게 해줄 수 있는 선물일 테니까요.

나의 이름 '재명'은 있을 재(在)에 밝을 명(明)을 씁니다. 그러나 나의 생은 이름에 재물 재(財) 자를 쓰는 게 어울리지 않았나 싶을 만큼 나를 셈에 밝은 사람으로 자라도록 만들었습니다. 나는 돈 계산이 빠릅니다. 돈의 귀중함을 누구보다도 잘 알기 때문입니다.

안동 산골짜기에 살던 꼬마 시절부터 우리 집에서는 돈 구경 하기가 어려웠습니다. 과자나 빵, 음료수 같은 것을 사 먹을 생각은 하지도 못했습니다. 소풍날이라고 다른 아이들은 빵 사고 과자 사고 음료수를 샀지만, 우리 집은 엄마한테 겨우 100원을 받아다가 재옥이, 재문이랑 같이 사이다 한 병씩

사 먹는 게 전부였습니다.

성남으로 이사를 온 이후 열세 살의 나는 소년공이 되어 돈벌이 전선으로 나갔습니다. 학교에 가지 못하고 일해서 돈을 벌었습니다. 돈의 가치를 뼈저리게 느낄 수 있었습니다. 10원, 20원도 나에겐 너무나 큰돈이었습니다. 함부로 쓸 수가 없었습니다. 요금이 60원에서 80원으로 올라서 버스를 타지 못하고 회사에 걸어갔다 걸어온 적도 있습니다.

나는 어느 공장에서 얼마를 받았는지 일기장에 다 기록해 놓았습니다. 고무 공장에서 1만 8천 원을 받던 시절에 쌀 한 가마가 3만 5천 원이었다는 내용도 있습니다. 제법 물가에 대한 감각이 있었나 봅니다. 공장에서도 그런 이야기에 귀를 기울였습니다. 정기 적금 이자가 24%였던 시절 이야기입니다.

성남에 온 후로 3년 동안 회사에 다녔다. 처음엔 목걸이 공장. 상대원서 창곡동까지 2고개 넘어서 약 20리 길을 한 달에 1만 원씩 받기로 하고 다녔다. (쌀 한 가마 3만 5천 원) 그나마 1년쯤 다녔는데 3달 치는 못 받고 말았다. 억울하게 3달 치 떼이고 이번엔 고무 공장에 들어갔다. 거기서 빼빠 치는 데 들어가서 손바닥이 달아서 피가 나고 손에 지문이라곤 남지 않았었다. (한 달에 1만 8천 원) 거기서 한 6개월 다니다가 그만두었다. 다음엔 냉장고 만드는데 다녔다. 월 75,000원.

- 1980년 1월 8일

오늘 회사에서 얘기하는데 한국 돈 가치가 떨어져 1dollar당 580원. 정기적금 18% 이자가 24%로 인상됐다. 물가가 막 오를 것 같다.

- 1980년 1월 12일

공장 다니는 친구들 중에는 버는 대로 다 써 버리는 경우도 있었지만, 나는 그러지를 못했습니다. 아버지께 월급을 통째로 갖다 드리고 다시 용돈을 받아서 썼습니다.

그러던 중 갑자기 변수가 생겼습니다. 검정고시 공부를 시작하자 학원비와 책값, 버스 요금 등 돈 들어갈 곳이 많아졌습니다. 그때부터 나의 돈 계산은 더 밝아질 수밖에 없었습니다. 어떻게든 공부를 해야 했으니까요.

처음으로 장학금을 받던 날은 참으로 감격스러웠습니다. 그날 나는 무슨 생각에선지 20만 원을 모두 천 원짜리로 받아 왔습니다. 아껴 쓰려는 마음이었을까요? 두툼한 돈다발을 만져 보고 싶어서였을까요?

> 어제 장학 증서하고 같이 받은 서약서 내고 장학금 지급받았다. 왠지 그러
> 고 나니 공부하기도 싫고 그 학생 생각도 나고 해서 그냥 집으로 돌아왔다. 20
> 만 원을 천 원짜리로만 받아 왔으니 꽤 많았다.
>
> — 1982년 3월 23일

아무래도 돈을 집에 두고 다니려니 영 불편했습니다. 세
번째 장학금을 받는 날에는 친구들과 함께 은행에 가서 난생
처음으로 저금통장이라는 것을 만들었습니다. 꽤 감격스러웠
습니다.

> 윤기하고 문길이 같이 은행에 가서 돈 찾고 처음으로 저금통장이란 것을 만
> 들어 봤다. 20만 원 중에서 2만 원을 찾고 나머지 18만 원은 online 보통 예
> 금으로 저금을 했다. 이번 달에는 집에 10만 원을 갖다주기로 결정했다.
>
> — 1982년 5월 28일

나는 돈을 아낀다기보다는 효율적으로 쓰고 싶었습니다.

새 책이 좋긴 해도 누군가 이미 공부해 놓은 흔적도 도움이 되기에 교재는 모두 청계천에서 헌책으로 샀습니다. 병영 집체 교육에서 쓸 추리닝도 학교에서 파는 것이 품질은 좋았으나 두 배나 비쌀 정도는 아니라고 생각해서 시장 물건으로 샀습니다.

책방에 들러 새 책을 사려고 물어보니 9,000원씩이나 달라고 해서 할 수 없이 청계천 헌책 상회에 가서 7,000원 주고 행정학 책을 샀다. 책값이 매우 부담이 크다. 옷도 제대로 못 사 입었다. 잠바도 하나 없이 청 카바 하나만 걸치고 다니자니 정말로 고역이 아닐 수 없다.

- 1982년 3월 13일

오늘은 병영 집체 교육에서 쓸 추리닝을 한 벌 4,500원 주고 샀다. 학교에서는 9,500원씩 팔지만 돈이 비싸서 살 수가 없다. 기지도 나쁘지만 싸니까 산다.

- 1982년 5월 13일

그렇다고 구두쇠처럼 무조건 아끼기만 하지는 않았습니다. 오히려 돈을 더 쓰는 경우도 있었습니다. 성남에서 흑석동까지 통학 시간은 길었습니다. 버스를 타는 내내 서서 가면 그만 녹초가 되곤 했습니다. 그런 날이면 수업 시간에 많이 졸았습니다. 조금이라도 더 앉아서 가려고 버스비 10원을 더 쓰겠다는 결정을 한 적도 있습니다. 한 시간을 서서 가느니 40원을 더 주고 좌석 버스를 타고 다니기로 결정을 한 적도 있습니다.

> 내일부터는 570번 타고 나가서 갈아타고 가야겠다. 이러나저러나 서 가야 되니 조금이라도 앉아 가려면 바꿔 타야겠다. 돈도 10원밖에 더 드는 것이 없으니.
>
> - 1982년 3월 11일

> 내일 아침부터는 좌석 버스를 타고 다니기로 했다. 한 시간을 그냥 서서 소비하느니 40원 더 주고 한 시간을 번다면 큰 소득이라고 생각한다. 재선이 형도 시간이 중요한 사람이니 같이 타고 다니도록 해야겠다.
>
> - 1982년 3월 31일

소비에 있어서 가장 중요한 것은 가치라고 생각합니다. 쓸만한 가치가 있는 곳에 돈을 쓰는 것은 반드시 필요합니다.

교련복을 입은 대학생 이재명

그러한 가치는 개인에게만 국한될 것이 아니라 공공 영역으로도 확대되어야 할 것입니다.

소년공 출신이었던 나는 어느덧 대학생이 되었지만 일하는 청소년에 대한 관심을 버릴 수가 없었습니다. 답십리까지 입시 학원에 다니던 시절, 교복을 입지 않았다고 어른 요금을 내라는 수모를 당한 적이 있습니다. 학교에 다니지 못하는 것도 서러운데 공장에 다니며 일하는 청소년에게 어른 요금을 받는 것은 부당하다고 생각했습니다. 대학교 1학년 때 회수권 값이 갑자기 인상되어 개인적으로는 부담이 되었지만, 근로 청소년의 교통 요금 할인이 시행된 것은 잘된 조치라 기뻐했습니다.

> 회수권을 사니 한심할 만큼 부담이 많이 간다. 개당 85원. 꽉 찬 가게에 또 한 차례 바람이 불겠구나. 하지만 근로 청소년 할인을 한 것은 백번 잘한 일인 것 같다. 나도 그랬었으니까.
>
> — 1982년 5월 30일

살림살이는 다 마찬가지입니다. 한정된 자원으로 최선의 결과를 얻어 내려면 어딘가에서는 덜어 내고 어딘가에는 돈을 더 써야 합니다. 누군가가 더 혜택을 받기 위해서는 누군가는 조금 불편을 감수해야 합니다. 이러한 작업들을 해 나가는 이유는 우리의 삶이 더 나은 방향으로 발전해 나갈 것이라는 희망과 목표 때문이겠지요.

시장으로 지냈던 8년 동안 성남시의 빚을 완전히 탕감할 수 있어서 기뻤습니다. 쓸데없는 곳에 들어가는 돈을 아끼고 줄여서 꼭 필요한 곳에 쓸 수 있어서 정말 즐거웠습니다. 성남 시민들이 성남시에 산다는 것을 자랑스러워하게 되어서 너무 기뻤습니다.

정부 재정이란 주권자인 국민이 대리인인 정치인에게 쥐어 준 권한의 일부입니다. 그 어떤 돈보다도 귀하게 여겨야 할 이유입니다. 그 권한이 내게 주어진다면 나는 또다시 숨은 그림을 찾듯, 퍼즐 조각을 맞추듯 고심을 거듭하며 가장 효율적인 지점을 찾아 이리저리 재정을 분배할 겁니다. 돈의 귀중함을 누구보다도 잘 알기 때문이지요.

학교에 다니지 못하고 공장에 다니는 청소년 시절을 보냈다고 하면 일반적이지 않은 인생을 살아온 것처럼 보일지도 모르겠습니다. 내가 다니던 공장에는 그런 소년공들이 태반이었습니다. 초등학교만 졸업하면 공장에 보내서 돈을 벌게 하는 것은 당시 가난한 집에서는 일상적이었으니까요.

학교 대신 공장에 다니는 것도 마음이 시린데, 우리 소년공들이 청춘을 보내야 했던 공장 환경은 몹시도 열악했습니다. 추운 겨울날에도 기름이 없다며 히터를 틀어 주지 않아서 손을 호호 불며 일해야 했고, 반장은 이유 없이 소리를 질러 댔습니다. 윽박지르고 고함을 치는 분위기에서 우리 소년공

들도 자연스럽게 거칠어졌습니다. 사소한 이유로 우리들끼리 싸우다가 걸려서 혼이 나곤 했습니다.

대입 검정 시험을 앞두고 있을 즈음의 나는 정말 공장에 다니기 싫었습니다. 이른바 시다를 벗어나 진짜 공돌이가 되고 산재도 2번이나 당하고 보니 슬슬 꾀도 나고 딴생각도 들었습니다. 허파에 바람이 들어 공장 다니는 생활이 즐거울 리가 없었습니다. 아침에 눈을 뜨면 공장에 갈까 말까 매일 망설였습니다. 망설이다가 공장에 나가면 또 욕을 먹었고, 욕을 먹으면 내일은 안 나가겠다고 결심했습니다. 참으로 지겨운 쳇바퀴였습니다.

출근해서 반장에게 욕 많이 먹었다. 내일은 나가지 말아야겠다고 생각했다. 학원에서 정운이하고 남아서 인생 논의(?)를 했다.

- 1980년 1월 25일

오늘은 늦게 일어나 가지고 가지 않으려다가 그럴 수도 없어서 회사에 출근했더니 반장한테 또 욕먹었다. 출근한 것이 매우 후회되었다. 낮엔 일거리가 많아서 힘들어 혼났다. 오늘 퇴근할 때 일찍 좀 나오려 했더니 안 되어서 5시

50분에 퇴근했다. (중략) 오늘 낮에 조퇴나 외출 좀 할려고 했다. 머리가 좀 아파서 그랬다. 그렇지만 오늘은 지각까지 했는데 그럴 수도 없었다.

- 1980년 1월 26일

같이 공장에 다니던 친구들은 참으로 거칠었습니다. 나는 체구가 작은 편인 데다가 산재를 당한 왼쪽 팔이 아파서 힘을 쓰는 쪽에는 끼지 못했습니다. 다만 머리는 좀 있는 편이어서 완전히 당하고 살지는 않았지만 말입니다.

특히 대입 검정고시에 합격한 이후 다시 오리엔트 공장에 들어갔을 때는 적응하기가 너무 어려웠습니다. 다시는 이런 곳으로 돌아오지 않는다며 큰소리 땅땅 치고 나간 놈이 돌아왔으니, 다 알고 지내던 친구들도 텃세를 부린 것입니다. 그냥 참는 게 이기는 것이라 생각하며 꾹 참는 수밖에는 방법이 없었습니다.

회사에서 퇴근할 때쯤 되어서 집에 올 준비를 하는데 박동국이가 불렀다. 나보고 쓰레기 가져다 버리라고 했다. 그러면서 하는 소리가 내가 제일 늦게 들어왔으니 갖다 버려야 한다는 것이다. 정말 기분 나쁜 소리여서 깡다구로 안

177

갖다 버리고 버렸다. 동국이가 찾아와서 소릴 지르면서 이제부턴 하루 한 번씩 갖다 버리라고 했다. 아무래도 분위기가 험악해서 그러마고 대답하고 나왔다. 정말 치사해서 당장 그만두고 싶었다.

- 1980년 9월 17일

낮에 주용이하고 농담을 하는데, 얘가 남의 약점만 자꾸 끄집어내는 게 정말 기분 나쁘고 한심스러워서 욕 몇 마디 해 버리고 다신 얘기 않겠다고 잘라 버렸다. 정말로 치사한 일이어서 내 얼굴이 벌게졌었다. 최소한 난 남의 약점을 뜯지를 않는다. 그런데 걔는 내 약점만을 자꾸 잡아 뜯었다. 물론 내 잘못도 있으리라마는 역시 기분 나쁘다. 내일부턴 그 애와의 장난은 삼가리라.

- 1980년 9월 26일

그래도 소년공 시절 나에게는 잊을 수 없는 추억 속의 친구 두 명이 있습니다.

덕근이는 회사에서 견습공이라고 입사시켜 놓고는 일방적으로 유급에서 무급으로 전환되는 억울한 일을 당한 녀석입니다. 그 아이를 보면서 내가 처음으로 목걸이 공장 다니던 시절에 사장한테 세 달 치 월급을 떼였던 경험을 떠올렸습니다.

오리엔트 공장 시절, 형들과의 야유회

난생처음으로 공장에서 일하느라 힘도 들 텐데 무급으로 일
해야 하는 처지가 되었으니 오죽이나 억울했을까요.

그래선지 나는 덕근이랑 친하게 지내고 싶었던 모양입니
다. 덕근이와 장난치며 놀기도 하였고, 매일 한 장씩 나오는
식권을 덕근이한테 주기도 하였습니다. 사실 나 역시 거친 태
도가 몸에 배어 있는 소년공 선배였던지라 노상 다정하게 대

해 주지는 못했습니다. 어느 날은 싸워서 말도 안 했고, 어느 날에는 지나치게 장난을 쳤습니다.

하루는 내가 장난으로 옥상 환풍기 앞에서 소변을 보겠다고 하자 덕근이가 그러지 말라면서 내 얼굴에 페인트를 묻힌 것이 장난의 시작이 되었습니다. 결국 덕근이는 얼굴과 머리에 페인트가 묻었고, 나는 코르덴 바지에 온통 페인트를 덮어썼습니다. 나는 페인트로 엉망이 된 코르덴 바지를 아세톤에 빨았습니다.

그 일이 있고 나서 덕근이는 사과의 뜻으로 빵을 조금 사 왔습니다. 우린 빵을 나누어 먹으며 서로 사과하며 환하게 웃었습니다. 그날 나는 축축한 바지를 입고 엉거주춤한 자세로 집에 가야 하는 곤욕을 치러야 했습니다.

나는 다음 날에도 덕근이하고 심하게 장난치다가 손을 삐었습니다. 손을 움직일 수 없을 정도로 아팠습니다.

육중한 기계 앞에 얽매여 있던 청춘의 힘겨움을 그렇게라도 해소하고 싶었을까요. 짓궂은 장난을 치고도 빵 한 조각을 나누며 사과하고 웃을 수 있었던 덕근이가 좋아서 그랬을까요. 아쉽게도 덕근이와의 우정은 그리 오래가지 못하였습니다. 나는 대입 검정고시를 보기 위해 공장을 그만두었고, 덕근이는 다시 학교를 다녔기 때문입니다.

오늘 낮에 회사에서 덕근이하고 싸움을 해서 페인트 통을 던져서 걔는 머리에 페인트칠을 하고 난 바지에 덮어썼다. 장난은 사소한 일에서 시작되었다. (중략) 그 애가 하지 말라고 하는 걸 했더니 페인트를 내 얼굴에 묻힌 데서부터 시작되었다. 그 애는 결국 머리에 옷에 덮어써서 옷이 엉망진창이었다. 나도 골덴 바지에 페인트가 묻어서 아세톤에 빨았다. 점심시간에 그 애는 노동청에 학교 문제로 다녀왔다. 다녀올 때 덕근이는 빵을 조금 사 가지고 왔다. 우린 서로 사과했고 웃었다.

- 1980년 2월 23일

정운이는 오리엔트 공장 시절부터 친구가 되어 함께 학원을 다니고, 검정고시를 보고, 대학도 같은 학교를 다녔습니다. 대학교 1학년 여름 방학에 함께 강원도 여행을 떠나기도 했던 나의 가장 친한 친구입니다.

정운이와 친해진 것은 내가 아버지 때문에 한참 방황하던 시절이었습니다. 가슴이 터질 것같이 답답할 때 내 속마음을 털어놓을 유일한 대상이었습니다. 집을 뛰쳐나가 정운이네 집을 찾아가서 속 이야기를 털어놓았습니다. 한참을 이야기하고 나면 가슴이 좀 뚫리는 듯도 하였습니다. 정운이네 집은 나에게 피난처였고, 어떤 때는 정운이네 집에서 자고 공장으로 출근하기도 하였습니다.

마음이 통할 수밖에 없었던 이유는 더 있었습니다. 공부를 해서 대학에 진학하겠다는 같은 꿈을 가진 친구였기 때문입니다. 그 이유로 우리는 더욱 많은 이야기를 나누었고, 나에게 정운이는 너무나 절실한 존재였습니다.

정운이가 저녁에 학원에 나오지 않으면 은근히 걱정이 되었고, 아파서 공장에 못 나왔다고 하면 집으로 찾아갔습니다. 요즘처럼 친구 사이에 메신저로 언제 어디서나 소통하는 시절이 아니었습니다. 집에 전화도 없어서 그저 찾아가는 수밖에는 방법이 없었습니다. 무작정 찾아갔다가 집에 없어서 못 만나고 돌아오는 길은 참으로 쓸쓸하였습니다.

낮에 정운이한테 내일 오라고 했는데 올지 모르겠다.

- 1980년 2월 29일

오늘 정운이가 오기로 했는데 오지 않았다. 그래서 병국이하고 자전거 타고 가다가 들렀더니 없었다.

- 1980년 3월 1일

정운이는 대입 검정고시를 앞두고도 회사를 다녔습니다. 나는 시험을 50일가량 앞둔 3월 1일 자로 공장을 그만두었는데, 정운이는 계속 공장을 다녔습니다. 철야에 잔업까지 하느라 학원에도 빠지기 일쑤였습니다. 단짝이었던 내가 공장을 그만둬서 서운했을까요. 나는 정운이 걱정으로 여러 날 마음을 졸였습니다.

학원에 갔더니 정운이가 나오지 않아서 정운이네 집에 갔더니, 철야 작업 하는지 안 와서 회사에 가서 물어봤더니 철야한단다.

- 1980년 3월 12일

저녁에 정운이가 며칠씩 학원에 안 나온다고 해서 회사에 가 보려고 나섰다가 길 가다가 다른 사람을 만나서 정운이가 잔업하는가 물어보고 그냥 왔다.

- 1980년 3월 17일

저녁에 야간 수업 듣는데 정운이가 안 나온다.

- 1980년 3월 20일

혼자 마음을 졸이다가 꽃샘추위가 심하던 3월의 마지막 일요일, 정운이네 집에 찾아가서야 비로소 만날 수 있었습니다. 어찌나 반가웠는지요. 정운이하고 오후 1시부터 이야기하다 밤이 되어서야 돌아왔습니다.

정운이와 내가 밤을 새우며 나누었던 이야기, 함께 꾸었던 꿈은 잘 이루어지고 있는 중입니다. 정운이, 그러니까 내 친구 심정운은 우리 학교 전기공학과를 나와서 한국전력주식회사에 입사하여 지금은 성동전력지사장으로 착실하게 직장 생활을 하는 중입니다.

정운이는 성동구 주민들을 위한 봉사 활동에도 앞장서고 있습니다. 정운이 역시 가난하고 힘들었던 어린 날을 잊을 수가 없기 때문일 겁니다.

소년공 친구들과 지내던 시절을 생각하면 아련하고 애잔한 마음이 됩니다. 자신의 선택으로 공장에 온 친구는 아무도 없었습니다. 어린 나이에 짊어진 삶의 무게가 참으로 무거웠습니다. 그 자리를 벗어나기 위해 나는 열심히 노력하여 결국 떠나왔지만, 그 짐을 영영 벗어던질 수는 없었습니다.

다이어리 열여섯
내가 좋아하는 것

　나는 시계를 좋아합니다. 우리나라에서 가장 유명한 시계 브랜드였던 오리엔트 시계 공장에 다녔기도 하고, 공장 생활을 통해 어린 나이에 '시간은 돈이다'라는 깨달음을 피부에 와닿도록 얻었기 때문이기도 합니다.

　공장에서는 잔업을 얼마나 했는지에 따라 월급이 추가로 지급되었습니다. 시간 계산이나 돈 계산을 잘못하면 제대로 못 받는 경우도 많았습니다. 물론 계산을 잘못해서 더 주는 경우도 있었지만 말입니다. 그러니까 공돌이에게는 진심으로 '시간은 돈'이 맞습니다.

　더욱이 용돈을 모아서 구입한 나의 손목시계는 정말 소중한 물건이었습니다. 깜빡해서 하루라도 차고 나가지 않으면 답답해 죽을 것만 같았습니다. 어디에 잠깐 두고 오면 가슴이 철렁 내려앉았습니다. 회사에서 시계를 보너스로 주기도 했지만, 새 시계를 쓰고 싶진 않았습니다. 고장이 나면 거금을 들여 몇 번이고 고쳐서 썼습니다.

시계를 떨어뜨려 가지고 고장이 나서 시계방에서 2,500원 주고 고쳤는데, 또 고장이 나서 시계방에 가서 따졌더니 고쳐 준다고 했다. 내 500원씩 용돈을 모아서 산 시계라 내겐 의미가 크다. 결코 버리고 싶지 않았다.

- 1981년 3월 2일

'시간=돈'이라던 나의 시간관은 공부를 시작하면서부터 달라지기 시작했습니다. 잔업을 하면 돈은 더 받겠지만, 학원에 가서 공부를 해야 보다 큰 미래의 가치를 만들어 내기에 당장의 이익은 포기해야 했습니다. 더욱 꼼꼼하게 시간을 사용해야만 했습니다. 본래 게으른 면이 있는 내가 공장 일과 학원 공부를 병행하려다 보니 손목시계 없이는 규칙적인 생활을 할 수가 없었습니다.

대학에 진학하여 성남에서 흑석동까지 학교를 다니게 되면서는 아침 일찍 일어나 먼 거리를 통학해야 했습니다. 특히 대학교 수업은 매일 첫 수업이 다른 시간에 있는지라 규칙적인 생활을 하기가 너무 어려웠습니다. 학교생활이 익숙지 않은지라 시험 시간도 제대로 파악을 못 해서 손해를 보았습니다. 그때마다 나는 시계를 붙들고 끙끙댔습니다. 시계가 보기에도 내 모습이 참 딱했을 겁니다.

오늘은 교련이 들어서 7시에 일어났는데 난 시간이 많이 남은 줄 알고 느릿느릿 행동했더니 재선이 형이 늦다고 서둘러 댔다. 가만히 시계를 보고 시간을 계산해 보니 첫날부터 지각하게 생겼지 뭐냐, 글쎄. (중략) 시간이 급해서 헐떡헐떡 뛰어갔더니 시간이 다 돼 버려서 신발도 제대로 못 신었다.

- 1982년 3월 8일

영화 〈모던 타임스〉의 한 장면 같은 공장에서 일하던 소년공 시절에도 나는 시계를 좋아했고, 지금도 시계를 좋아합니다. 좋은 시계는 아니라도 늘 시계를 차고 다닙니다. 강연을 하는 중에도 시간을 정확하게 지키려고 시계를 들여다봅니다.

이재명 ✔
@Jaemyung_Lee

팔로잉

시계 보관중이랍니다^^

주인을 기다립니다.(추억이 담겨있을지도 모를 시계)
보름전쯤에 동생이 샤워장에서 습득함
유실물센터가 없어서 갖어 왔다고 하는데,
고가의 물건이기도 하지만 잃어버린이의 심정을 헤아려 꼭...

오전 3:16 - 2016년 10월 8일

88 리트윗 **122** 마음에 들어요

🔁 6   🔁 88   ♡ 122   ✉

내 답글을 트윗합니다.

· 2016년 10월 8일

@Jaemyung_Lee 님에게 보내는 답글
시장님
볼걸 다...ㅠㅠ
그마음이 하늘입니다!
하나를 보면 열을 안다캤지요...

♡   🔁 1   ♡ 1   ✉

시계라는 글자를 발견하면 눈이 저절로 향합니다. 언젠가는 누군가 잃어버린 시계를 보관하고 있다는 트윗을 발견하고는 "시계 보관중이랍니다^^"라고 리트윗을 한 적도 있습니다. 시계를 잃어버린 안타까운 마음은 누구보다도 잘 이해하고 있으니까요.

나는 낚시를 좋아합니다. 고향 안동에 살며 깨끗한 물에서 낚시로 물고기도 잡고 물에 뛰어들어 풍덩풍덩 목욕하던 시절을 잊지 못합니다. 성남으로 이사 와서도 깨끗한 물에서 낚시 한번 해보고 싶어서 구석구석 안 가 본 곳이 없었습니다. 내 고향처럼 깨끗한 물도 없을뿐더러, 낚싯대 하나 장만할 형편이 되지 못해 낚시라고는 꿈에도 꿀 수 없었습니다.

그러던 어느 날 자전거를 타고 산책을 나갔다가 길에서 방울낚시를 하나 주웠습니다. 이게 웬 횡재냐 싶어서 판교로 갔습니다. 개울에선 아이들이 물고기를 잡고 있었습니다. 낚싯대를 드리울 만한 곳이 아니어서 저수지 같은 곳을 찾아가서 낚시를 해보았습니다. 버려진 낚싯대라 장비도 시원찮고, 바늘에 끼울 만한 미끼도 없어서 제대로 될 리가 없었습니다. 실망스러운 하루였습니다.

방울낚시를 길에서 주웠다. 그것 가지고 판교로 갔다. 갈 때는 순 개울둑으로 해서 갔다. 개울 속에는 아이들과 어른들이 고기 잡고 있었다. 개울 따라 올라가는데 오리온광학인가 하는 회사에서 개울 중간 자갈밭에 놀러 와 있었다. 참 우습다. 그래 놀 곳이 없어서 냄새나는 이런 곳에서 놀다니. 조금 올라가서 저수지 비슷한 게 있어서 거기서 방울낚시에 돌 달고 찌 달고 해봤다. 또 미끼가 없어서 우렁이 비슷한 것 잡아 꿰어서 낚시질을 해보니 될 리가 없다.

— 1980년 5월 4일

대학교 1학년 여름 방학에 강원도 여행을 떠나면서 제대로 된 낚싯대를 내 돈 주고 샀습니다. 대학에 합격하면서부터 이미 나의 마음은 여름 방학이 되면 깨끗한 물이 있는 곳에 가서 낚시질을 하겠다는 계획을 세우고 있었습니다. 돈 걱정을 하긴 했지만 말입니다. 모든 것이 어설퍼서 스트레스가 가득 차올랐던 1학년 1학기 중간고사를 코앞에 둔 시점에도 오직 낚시하러 갈 생각뿐이었습니다.

시험이 끝나면 낚시나 한 대 사서 놀러 다녔으면 좋겠는데. 낚시가 좀 비싼 듯하다. 공부하다가 피곤하면 머리도 식힐 겸 낚시가 좀 필요할 듯하다. 한 대

구입해야지.

- 1982년 4월 18일

중간고사를 끝내고도 하지 못했던 낚시여서 여름 방학을 맞이하여 떠난 강원도 여행에서만큼은 꼭 낚시질을 하고야 말겠다고 뜻을 품었습니다. 여행을 떠나기 전 낚싯대와 낚시 부품을 장만하였습니다.

낚싯대를 실제로 드리운 것은 여행을 떠난 지 사흘째 되는 날이었습니다. 인제로 가는 광치 고개를 밤을 새워 넘는 힘겨운 과정을 거치고서야 비로소 낚싯대를 드리울 수 있었습니다. 그곳에서 메뚜기를 미끼 삼아 순식간에 세 마리를 낚아 올렸습니다. 나는 꽤나 솜씨 좋은 낚시꾼입니다.

시간이 많이 남아서 아침은 일단 계곡을 빠져나가서 해결하기로 하고 나는 냇가에 가서 낚시질을 좀 했다. 메뚜기 한 마리 잡아 꿰어서 했더니 꽤 큰 녀석이 물었다. 기분 좋게 끌어 올렸다. 또 한 마리의 벌레 잡아서 한 마리 낚고 떡밥으로 세 마리 낚자 더 이상 물지를 않아서 그만두고 올라와서 짐을 더 챙겼다.

- 1982년 7월 1일

나는 지금도 낚시를 좋아합니다. 스무 살 때나 지금이나 마찬가지입니다. 너무나 바쁜 일상이 계속되는 나에게 시간이 주어진다면 낚시를 하러 갈 것입니다. 나에겐 낚시를 하는 시간만이 머리를 식힐 수 있는 기회이기 때문입니다.

이외에도 내가 좋아하는 것은 많습니다. 나는 술도 좋아합니다. 대학에 들어가기 전까지 술과 담배를 입에 댄 적이 없었지만, 대학에 들어가면 사교적인 문제와 기분상 술은 좀 배워야겠다고 결심하던 일기도 남아 있습니다.

영어 공부도 좋아합니다. 영어 공부는 한 번도 해보지 않은 채로 고입 검정고시에서 객관식 문제를 번호 찍기로 풀어 간신히 과락만 면했던 경험이 있습니다. 그때 이후 영어 공부에는 나름대로 많은 신경을 썼습니다. 일기에도 웬만하면 영어 단어를 쓰곤 했지요. 대학교 입학한 후에 한문 공부를 해야겠다 결심하고 어지간한 단어는 모두 한문을 썼던 것처럼 말입니다. 1년쯤 영어 공부를 하고나자 왠지 자신감이 생겨서 어느 날에는 서울 남산에 올라가 우연히 마주친 미국인 여성 3명과 대화를 나눈 적도 있습니다.

남산에 올라가니 서울 시내가 내려다보이는 것이 매우 시원했다. 중계탑 또한 높았다. 거기서 총 3명의 미국 여자가 사진을 찍고 있었다. 내 영어 실력을 테스트해 보고 싶었다. 하지만 용기가 나지 않았다. 내려오는 길에 그 여자들이 내게 북쪽이 어디냐고 묻고 다른 것도 물어봤으니 대략 잘 대답한 것 같아서 어깨가 으쓱해짐을 느꼈다.

- 1980년 7월 2일

　그중에서 내가 가장 좋아하는 두 가지를 꼽으라고 한다면 시계와 낚시를 꼽고 싶습니다. 시계와 낚시는 서로 상반된 성격을 갖고 있습니다. 시계는 나의 일상입니다. 낚시는 일상으로부터의 일탈을 의미합니다. 두 가지의 균형 잡힌 삶을 요즘 워라밸이라고 부르던데, 아직 나는 균형을 바라고 있지는 않습니다. 해야 할 일이 많기 때문입니다. 아직은 낚시를 하러 다니기보다 깨끗한 물에서 낚시를 할 수 있는 쾌적한 환경을 만드는 일을 더 많이 하고 싶습니다. 언젠가는 나에게도 마음껏 낚시를 할 시간이 찾아올 테니 말입니다.

다이어리 열일곱,

아버지, 보고 싶습니다

"나무는 고요하고자 하나 바람이 그치지 아니하고,

자식은 효도하고자 하나 부모님은 기다려 주시지 않는다."

돌아가신 아버지를 떠올리게 하는 한시의 한 구절입니다. 부모님을 먼저 보내 드린 사람이라면 이 구절을 접할 때마다 후회와 죄송스러움이 밀려들 것입니다. 두 아이의 아버지가 되고 나서야 철없던 시절 아버지께 품었던 모든 원망과 불만 이 나의 오해에서 비롯하였음을 깨달았습니다.

오해의 장막을 걷어 내고 다시 만난 아버지는 참 좋은 분 이셨습니다. 한때의 방황으로 가족들을 경제적으로 힘들게

197

한 것은 사실이지만, 아버지는 절망의 자리에서 도망치지 않으셨습니다. 성남이라는 낯선 땅에 자리를 잡고는 온 가족을 불러 모아 새 삶을 시작하셨습니다. 이후 아버지는 가장으로서의 책임을 한 번도 저버린 적이 없습니다.

아버지는 우리 집에서 가장 아는 것이 많은 사람이기도 했습니다. 아버지는 대학 중퇴 학력으로 순경, 교사, 탄광 관리자 등 다양한 직업을 거치셨습니다. 주변 사람들은 입사 지원서나, 신원 보증서처럼 꾸밀 서류가 있으면 아버지한테 도움을 청하곤 했습니다.

그렇다고 서류만 잘 만드는 샌님만이 아니라, 곤란한 문제도 잘 해결하는 능력자이기도 했습니다. 셋째 형의 대입 검정고시 원서를 제출할 때였습니다. 안동에서 졸업 증명서를 우편으로 받았는데, 그만 도장 하나가 누락되는 사고가 발생했습니다. 아버지는 포기하지 않고 형의 졸업 앨범을 들고 가서 원서를 접수시키고 돌아오셨습니다.

낮에 학원에 갔다가 집에 와서 공부하는데 안동서 원서가 도착했다. 반가워서 뛰어나갔다. 과연 안동서 온 것이었다. 얼른 뜯어봤더니 글쎄 도장을 하나

덜 찍었다. 원서 접수는 내일모레인데 다시 부칠 수도 없고 미칠 노릇이다. 아버지가 매우 원망스럽다. 애초에 갔다 왔으면 이런 일이 없었을 터인데 말이다.

조금 후에 아버지가 왔다. 아버진 재선이 형 앨범 들고 접수시키러 갔다. 난 가지 말라고 했다. 하지만 아버진 보따리 싸 들고 갔다. 난 아무리 생각해도 안 될 것 같았다. (중략) 집에 오니 잠시 후에 아버지가 왔는데 접수가 되었단다. 참말로 신통하다. 어떻게 됐든지 접수가 되었으니 다행이다.

- 1980년 3월 17일

아버지는 헛바람이 들어 크게 실패했던 자신의 잘못을 자식들이 대물림하기를 바라지 않으셨습니다. 아버지가 우리들에게 가르쳐 주고 싶었던 것은 현재와 미래의 균형이었습니다. 앞으로 검정고시를 보아도 좋고 대학에 가도 좋지만, 미래에 대한 헛된 꿈 때문에 현실을 망가뜨리는 것은 용납하지 않으셨습니다.

그래서 아버지는 내가 공부한다고 일을 소홀히 하는 꼴을 두고 보지를 못하셨던 겁니다. 심지어 내가 밤늦게 불을 켜고 공부를 하면 불 끄고 자라고 야단을 치셨습니다. 그때는 몹시도 원망스러웠는데, 이젠 아버지 마음이 이해됩니다. 아마도 하루 종일 고단하게 일한 온 가족이 단칸방에 몸을 누이고 잠을 청하는 동안, 나 혼자서 공부하겠다고 불 켜고 부스럭대는 것은 마땅하지 않다고 생각하셨을 겁니다.

의외의 모습도 있었습니다. 단 한 번도 공부 열심히 하라는 격려의 말씀을 해주지 않으셨지만, 아버지도 내가 성적이 나쁘면 실망하셨고 잘하면 기뻐하셨습니다. 대입 검정고시 성적표를 받으러 다녀왔던 날입니다. 쓸데없이 버스 타고 다니며 돈 쓴다고 일단 야단을 치셨습니다. 내가 좋은 성적을 받았다고 말씀드리자 갑자기 얼굴 가득 환한 웃음을 지으셨습니다.

아버지와의 갈등이 극심하던 시절의 일기를 읽어 보노라면, 잔소리가 많았던 아버지의 은근한 관심과 사랑도 발견하곤 합니다. 아버지는 청소부로 일하면서 썩은 과일만 집에 가져오지는 않았습니다. 우리들이 읽으면 좋을 만한 책이나 영어 회화 카세트테이프 등도 집에 가져 오셨습니다. 그것은 우리에 대한 아버지의 사랑 표현이었습니다. 나는 아버지가 주워 온 책을 읽으며 성장했습니다.

다행히 내가 대학에 들어가면서 아버지와의 갈등은 점차

찾아들었습니다. 아버지 역시 장학금을 받으며 대학에 들어간 나를 자랑스러워하셨으니까요. 아버지는 내가 대학에 들어가서 한자 공부에 어려움을 겪자 도와주겠다는 말씀도 하셨고, 쓸 만한 옥편도 사다 주셨습니다. 대학생이 된 내가 밤늦게 불을 켜고 공부하는 것을 허락해 주셨고, 아버지가 이루지 못한 꿈들을 아들들이 이루어 내길 바라는 마음을 은근히 내비치기도 하셨습니다.

한때 공무원이었던 아버지가 청소부가 되어 겪어야 했던 고생들은 정말 한도 끝도 없습니다. 여느 사람들이라면 자존심이 상해서 하지 못할 일을 아버지는 끝까지 해내셨습니다. 어느 때부터인가 내 마음에도 어느덧 아버지에 대한 연민의 마음이 싹트고 있었습니다. 비록 아버지의 사랑을 다 알아차리기까지는 너무 많은 시간이 걸리긴 했지만 말입니다.

아버지가 피곤하다며 담배를 피우려다 그냥 손에 들고 잠이 드셨다. 얼굴을 보니 정말 주름살도 많고 고생이 뚝뚝 떨어지는 것 같다. 이럴 때 보면 정말 가엾게 생각되기도 하지만, 잔소릴 할 때면 정말 미워진다. 아무튼 아버지가 고생하시는 것은 사실이다. 지금부터는 좀 더 잘해 드려야겠다. 하지만 이 결심이 잘 지켜질지는 의문이다.

- 1982년 3월 11일

  사람들은 흔히 나를 가리켜 학교에 갈 수 없는 환경에서 혼자만의 노력으로 사법 고시에 합격한 '개룡'이라고 이야기합니다. 사실 지금의 나는 혼자만의 힘으로 된 것이 아닙니다. 아버지의 따끔한 가르침과 가족들의 도움이 없었다면 오늘의 나는 없었을 것입니다.

  아버지는 결정적인 순간에 나에게 도움을 주시곤 했습니다. 대입 학력고사를 4개월 남겨 놓고 공장을 그만두고 공부에만 매달렸을 때는 아버지께서 학원비와 교통비를 주셨습니다. 사법 고시 2차 시험에 낙방하여 큰 좌절에 빠져 있을 때는 고향에 가서 친구들과 놀다 오라고 조언해 주셨습니다. 나는 아버지 말씀대로 안동에 다녀오면서 다시 힘을 얻었습니다. 가족들은 나에게 2차 시험에 재도전하라고 쌈짓돈도 모아 주었습니다. 대학을 졸업하여 장학금도 받을 수 없게 된 그 즈음, 가족들의 도움이 없었다면 시험을 치를 수도 없었을 것입니다.

이제 다시 공부하겠다고, 장학금까지 면제(?)받아 가지고 집에서 쌈짓돈 털어 장만해 준 10만 원이라는 어마어마한 돈을 가지고 새 생활을 시작하는 마당이다. 형을 비롯한 집안 모든 식구들의 기대와 고생에 비추어 일분일초를 다투어 소중히 알고 공부해야만 하는 시간인 것이다. 내년엔 반드시 시험에 합격해야만 한다. 올해처럼 막연한 생각이 아니라 필연성과 의지로 무장된 착실한 계획과 성실한 실행에 의해 담보된 결심이어야만 하는 것이다. 이제 시간은 얼마 남지 않았다.

- 1985년 10월 18일

아버지의 위암이 재발하였다는 사실을 알게 된 것은 대학 졸업식에서 아버지께 학사모를 씌워 드리고 난 지 약 한 달 만이었습니다. 그날 나는 아버지를 목 놓아 부르며 통탄하는 일기를 썼습니다. 일기를 쓰기 시작한 지 6년 4개월 만의 일이었습니다.

가족들의 도움으로 사법 시험 2차 준비를 하고 있는 차에 아버지의 암 재발 소식은 나를 정말 정신 차리게 했습니다. 아버지가 돌아가시기 전에 꼭 합격해야겠다는 생각으로 공부에 전념하였습니다. 나는 다행히 1986년 10월 23일 최종 합격자

대학 졸업식 날 아버지, 어머니와 함께

명단에 실린 이름을 아버지께 보여 드릴 수 있었습니다. 한 달 후인 11월 24일에 아버지는 위암으로 고생하시다가 세상을 떠나셨습니다.

이성을 떠나 솔직한 인간의 본성으로 돌아가 오늘은 아버님 이야기를 한다네. 월요일 연락받고 병원에 갔더니 아버지의 위암 재발 사실을 알았다네. 아버님! 한 많은 인생을 사시다가 이제 막 꺼지려 하시는 분.

4살 어릴 적에 惡母(악모)에 의해 어머님 되시는 분과 생이별하시고 어렵게 학문을 이루셨다 하나, 이미 외아들의 몸으로 삼촌 되시는 분에게 말도 안 되는 양자란 명목으로 할망구의 농간에 연유하여 쫓겨나신 후였다네. 어리신 가슴에 못 박혀 사시더니 이제는 그 한 많은 세상, 그리고 이제는 자식들 다 자라 장성한 모습 속에 행복을 누릴 만해진 세상을 떠나려 하신다네.

내 세상에 나서 생전 처음 본 아버님의 눈물. 그것은 결코 한 많은 세상을 한탄함도 아니요, 이승을 하직하시는 괴로움이나 미련도 아니요, 오직 하나 이제 꽃봉오리를 맺었는데 피는 것을 보지 못함이 한스럽다 하신 말씀에서 보이는 그러한 슬픔과 아픔의 표현이었다네.

자식이 다섯의 장정과 둘의 여식으로 있음에도 그 하나 암 같지도 않은 위암 하나 빠른 시간에 발견하여 완치시켜 드리지 못하니 있으나 마나 한 자식

이요, 오히려 남보다도 못한 존재일지라.

이 몸이 맘에 있어서 원천은 부모님께 있고, 세상에 나서도 이맘 이때껏 아버님 은혜가 미치지 아니하는 것이 없었건만, 이놈이 그것을 여지껏 깨닫지 못하고 마치 여태껏 나 혼자 나서 자라 온 것 같은 착각을 하였으니. 그러고 그 결과로 아버님께 효도 비슷한 것도 못할 뿐 아니라 막심한 걱정만 끼쳐 드렸으니, 자식 된 자로서 너무나 할 말 없었네.

무엇이 어찌 되건 아버님만은 살아야 할 권리와 의무가 있는 분이라. 그러고 아버님의 이 세상에 남은 한이 결코 아버님을 딴 세상에 보내지 아니할 것이라. 의지가 강하면 죽을 자도 살고, 의지가 약하면 살 자도 죽을 일이라. 아버님은 결코 지금은 떠나지 못할 분이라.

- 1986년 3월 31일

얼마 전 한식날에 형님 따라 아내와 함께 아버님께 인사드리고 왔습니다. 아버지가 살아 계실 때 좀 잘할 걸 하는 후회가 밀려왔습니다. 아버지의 작은 잔소리 하나까지도 자식에 대한 사랑이었음을 왜 이리 늦게야 깨달았을까요. 아버지의 잔소리까지도 그립습니다. 아버지가 살아 계셨다면 나는 아직도 숱하게 야단을 맞았을 터입니다. 여전히 잔소리로만 들릴지도 모르겠지만, 그래도 살아 계셨다면 얼마나 좋았을까요?

　한 가족을 이끄는 가장이자 두 아이의 아버지가 되어서야 비로소 알게 된 아버지의 무게입니다. 힘들고 지칠 때면 더욱 아버지가 그립습니다. 나는 영락없는 아버지의 아들이니까요. 나의 아버지, 진심으로 보고 싶습니다.

다이어리 열여덟,
일기를 쓴다는 것은

　지나간 날의 일기장을 읽다 보면 얼굴이 화끈거릴 때가 많습니다. 철없는 생각과 행동들이 고스란히 남아 있기 때문입니다. 사람들은 지난날의 기억을 미화하고 합리화하기 마련이라는데, 나는 그럴 수가 없습니다. 아무런 감정의 여과 없이 써 내려간 일기장이 남아 있으니까요.

　그래도 가슴이 뿌듯해질 때가 더 많습니다. 처음 일기를 쓰기 시작했던 1979년 겨울과 마지막 일기를 남긴 1989년 봄의 나를 비교해 보면 그렇습니다. 이름 없는 소년공에서 인권 변호사로의 변신이라는 눈에 보이는 성과보다도, 그 과정을 통해 발전해 온 나의 내면과 생각 수준을 발견하면 더욱 그렇습니다.

소년공 시절의 나는 정말 나밖에 몰랐습니다. 공장 생활을 벗어나 학교에 다니고 싶었고, 공부를 해서 성공하고 싶었을 뿐입니다. 1980년대의 대한민국에는 군부 독재라는 혹독한 피바람이 불고 있었지만, 나는 그저 사회에 막연한 불만이 가득한 십 대일 뿐이었습니다.

5.18에 대해서도 나는 텔레비전에서 보여 주는 내용만 보고 멋대로 생각하고 평가했습니다. 군사 정권에 불만이 많아서 처음엔 광주에서 큰 데모가 일어났다는 소식에 기뻐했지만, 결국엔 신문과 텔레비전이 이야기해 주는 대로 광주 시민들을 극렬분자나 폭도로 생각하게 되었습니다. 미심쩍은 일이 생긴다 한들 나와는 별로 상관없다고 생각하면 그뿐이었습니다.

아침에 뉴스 나오는데 정당은 해산하고, 국회는 국보위가 대행한다나? 이런 제길, 순 제 마음대로들이야. 하기야 나완 별로 상관없는 일이긴 하지만.

- 1980년 9월 25일

나의 잘못된 생각이 바뀐 것은 대학에 들어가고도 한참 후였습니다. 대학 시절 내내 사법 고시 합격만이 인생의 목표라고 생각했습니다만, 나는 결국 사법 고시 2차 시험에서 떨어지고 말았습니다. 4학년까지 최종 합격하려던 목표는 산산이 부서져 버렸습니다. 하늘이 무너지는 것만 같았습니다.

나는 엄청난 방황을 하고서야 마음을 추슬렀습니다. 나 혼자 힘으로 무엇이든 해낼 줄 알았지만, 정작 나에게는 가족들과 친구들의 위로가 필요했습니다. 나는 결코 혼자 살아갈 수 있는 존재가 아니었습니다. 마침내 다시 힘을 내어 재수를 결심하게 된 날, 일기장에는 이런 구절이 남아 있습니다.

지금부터는 일기장의 성격을 좀 바꾸어서 나 자신의 결심과 행위에 대한 단순한 기록과 평가를 지나서, 좀 더 넓게 가족과 사회와 세계에 대해서도 약간의 시간을 할애해야만 하겠다. 나는 세계의 일부이며, 세계는 나의 일부임을 명심하고 살 것이다.

- 1985년 10월 18일

이날 이후 나의 일기도 바뀝니다. 이전에는 공부하기 싫다는 푸념, 연애도 못하는 신세 한탄이 주류를 이루었던 나의 일기는 갑자기 비장하고 숙연해졌습니다. 좀 쑥스럽긴 하지만 마치 한용운의 〈님의 침묵〉처럼 님에게 띄우는 편지문 형식의 일기를 쓰게 된 것입니다. 난생처음으로 독재 타도 시위에 참여했던 날, 나는 님에게 이런 고백을 하고 있습니다.

어제는 학교 수업 하고 국제법은 결강하면서 님을 위한 행진에 참가했었습니다. 매운 개스가, 나르는 최루탄 파편이 약간은 무섭고 또한 4학년이나 되어 참가한다는 것이 어색하기도 했지만 님을 위한 길이어서 하나의 망설임도 없었습니다.

- 1985년 10월 30일

나에게 사법 고시는 개인적인 욕심만으로 넘어설 수 없는 통과 의례였습니다. 수많은 사람들 중에서 왜 하필 내가 사법 고시에 합격해야 하는가라는 질문에 타당한 답변을 스스로 찾아 나가는 과정이었던 것입니다. 나는 매일 기도하는 마음으로 님을 향한 일기를 쓰면서 나의 의지를 새로이 하였습니다.

내일은 졸업이란 것을 합니다. 글쎄요, 태어나서 두 번째로 맞이하는 졸업이지만 그리 별 감정이 없습니다. 기쁜 일이긴 한가 보지요. 오랜만에 학교에 간다는 점도 있지만, 어쨌거나 오늘 졸업식에 쓸 가운을 빌리러 학교에 갔는데 상당히 좋았습니다. (중략) 님, 이제 새로운 시작인가요? 그럴 것 같아요. 모든 특권과 모든 자유와 모든 젊음의 사랑이 시작되는 동시에 또 다른 새로운 험난한 세계가 있지요.

내일은 집안 식구 모두 가능한 사람들이면 모두 오겠지요. 그래도 모두 와야지요. 두 분 어른께서는 아마 눈물을 흘리실지도 모르겠습니다. 어쨌거나 우리 집에 나란 존재의 탄생은 새로운 전기이기도 했으니까요. 그제 그분들이 보시기에 그 열매의 결실이 있다고 볼 수 있겠지요.

그러나 님, 그것은 나의 종결 내지는 열매는 아니고 님을 향한 조그만 출발점에 선 자세, 그것이라 생각하고 커다란 님의 품속에 뛰어들 수 있을 때까지의 고된 행군, 아니 즐거운 행진이 시작되어야 한다는 것을 저는 압니다. (중략)

지금부터는 정말 성실히 일기를 써야겠지요. 님에 대한 나의 의지를 새로이 하고, 행여나 잘 먹고 잘 살려고 흐릿한 부류에 속하려는 사심을 엄격히 제어하며, 가난하지만 선하고도 진지한 님에의 접근을 해 나가야겠지요.

현재의 차갑고 매서운 겨울바람이 지나면 봄이야 오겠지만, 지금의 추위가 일면 너무나 강하게 느껴지는 경우도 있습니다. 이제 잠을 좀 자야겠어요. 거창

213

한 말도 필요 없이 님에 대한 근래의 무성의와 무절제, 의지 상실 상태 등을 지금 새삼스레 반성하면서 한 나라, 한 세계 사람 모두에 해당하는 본질적 자유와 평등에 대해 새로운 각오를 합니다.

- 1986년 2월 20일

　1979년 12월 18일. 처음으로 일기를 쓰기 시작했던 날입니다. 안동에서 초등학교 다니던 시절에 숙제로 써야 했던 일기장을 다시 떠올린 것은 성남에 와서 공장 생활을 한 지 3년 만이었습니다. 그날의 일기는 이렇게 시작됩니다.

　"일기장 잊어 먹은 지 오래다."

　이날부터 10년간 써진 일기는 가장 힘든 시기에 나의 손을 잡고 길을 걸어 준 유일한 길동무였습니다. 사실 공장과 학원을 병행하는 고단한 생활을 하면서, 온 가족이 단칸방에서 지내는 열악한 환경에서 날마다 일기를 쓰기란 쉽지 않았습니다.

　학원 끝나고 밤늦게 집에 와 보니 여동생이 내 일기장을 제 맘대로 뜯어서 노트처럼 쓰고 있는 어이없는 장면을 목격하기도 했습니다. 당연히 여동생과 한바탕 싸움도 했지요. 일

소년공 시절에 쓴 일기장들

기장을 뜯어서 쓴다는 사실도 화가 났지만, 나만의 속마음이 그대로 적혀 있는 일기장을 여동생이 봤을 거라는 사실에 더 무안했던 기억이 납니다.

문방구에서 파는 열쇠가 달린 일기장은 너무 비싸서 살 수가 없었습니다. 학생용 노트를 사서 일기장으로 쓰는데도 비용이 만만치 않았습니다. 버스비가 10원 올랐다고 버스 안 타고 걸어 다니는 나로서는 새 일기장 한 권 마련하기 위해 300원이라는 거액(?)을 쓰기란 여간 부담스럽지 않았습니다. 그래서 새 일기장 첫머리에 대고 푸념을 하기도 했습니다. 그럼에도 나는 일기를 쓰지 않을 수가 없었습니다.

모두가 잠든 밤에 홀로 깨어 일기를 쓰고 있노라면 풍랑이 일던 내 마음에 어느덧 평화가 찾아오곤 했습니다. 마음이 괴로울 때면 일기를 더욱 열심히 썼습니다. 나를 달래 줄 유일한 대상이 일기였던 것이지요.

지금은 벌써 두 시 30분이 넘었다. 오늘이 벌써 내일이 된 모양이다. 엄마, 아버지, 형, 형, 동생, 동생의 숨소리가 들린다. 잠에 깊이 빠진 모습들. 이렇게 한방에서 고생하며 살지만, 이렇게 살더라도 정만 있으면 되는 것 아니겠는가?

이렇게 살았기에 우리 형제는 우애가 있다고 생각된다. 비록 아버지와는 등지고 살아가는 듯하지만. 우리 가정에도 영원한 행복이 오기를……

– 1982년 3월 31일

한동안 일기를 쓰다 보면 어느새 한 고비를 넘기곤 했습니다. 마음을 잡았다 싶으면 나는 일기를 쓰지 않은 채 세월을 보냈습니다. 대학 합격 전 입시에 몰두하던 1년, 아버님의 위암 재발 소식을 접하고 정신이 번쩍 들어 시험공부에 전념하던 1년이 그랬습니다. 다행히 사법 고시에 최종 합격하여 아버님께 합격증을 안겨 드린 얼마 후 아버님을 떠나보내고 사법 연수원에 입소한 뒤에야 나는 다시 일기를 쓰기 시작했습니다.

일기를 쓰지 않은 지도 참으로 오랜 세월이 흘렀다. 하루하루 반성의 기회가 있어야 하는데 너무 나태한 생활의 연속이었던 것 같다. 시험이 끝난 후로 많은 사건과 나 자신 사고의 변화가 있었던 것이 사실이다. 아버님께서 11월 24일에 위암으로 고생하시다가 타계하셨고, 셋째 형은 분가하였지. (중략)

아버님 백일 상도 지났고, 4월 5일에는 산소에도 갔다 왔지. 쓸쓸한 곳, 암

흑만이 가득한 그 대지. 그러나 영면과 안녕과 포근함이 있는 그곳에 아버님의 육신은 누워 계셨다. 어머님 많이 외로우시겠지. 그러나 세상사 그러려니 하고 일찍 망각의 세계 속에 아버님에 대한 기억을 묻어 두셨으면 좋겠다.

3월 2일에 입소하여 벌써 2달이 다 되어 가는데, 실로 나태와 안주의 날들인 것을 부끄럽게 생각하지 않을 수가 없구나. 그래도 월급이란 것이 있어서 식구들에게 경제적 부담을 주지 않는 것이 다행스럽다.

- 1987년 4월 28일

오랜만에 다시 쓰기 시작하는 나의 일기는 쑥스러운 듯, 민망한 듯 쭈뼛거리며 그간의 이야기를 시작하곤 했습니다. 일기장은 그런 나를 언제라도 반겨 주었습니다. 마치 내가 돌아와 그동안 있었던 일을 들려주기를 기다렸던 것처럼 말입니다.

일기를 쓰지 않은 지도 참으로 많은 40년 세월이 흘렀습니다. 일기를 쓰는 대신 다시 한 번 나의 일기를 읽어 보았습니다. 지나간 날들의 추억이 되살아났습니다.

나의 일기장은 지금 이렇게 말을 걸어오는 것만 같습니다. 그 시절의 결심을 되새기며 부끄럽지 않은 삶을 살라고, 언젠

가 다시 돌아와서 지금의 이야기들을 자랑스럽게 들려 달라
고 말입니다.

다이어리 열아홉,
나의 꿈, 나의 바람

1986년 가을, 사법 고시에 최종 합격한 나는 〈경인일보〉
와의 인터뷰에서 "위암으로 투병 생활을 하고 있는 아버님께
마지막 효도를 해 드린 것 같습니다"라고 소감을 말하며, "앞
으로 성남에서 변호사 사무실을 열어 억울한 사람을 위해 일
하겠다"라고 당당히 포부를 밝혔습니다. "노력한 만큼의 대가
는 꼭 돌아온다"는 신조도 밝혔습니다. 참으로 감격적인 순간
이었습니다.

소년공 시절에 수많은 사회 부조리를 겪어서인지, 전문 지
식을 갖춘 인권 변호사가 되어 약한 사람들을 돕는 것은 자연
스럽게 나의 목표이자 소명으로 자리 잡았습니다. 고시를 준비

28회 사법 고시 합격 인터뷰, 〈경인일보〉 1986년 11월 4일

하는 내내 한 치의 흔들림도 없었던 그 목표는 막상 사법 연수원에 들어간 이후 마지막 순간에 잠깐 흔들렸습니다.

연수원에 들어간 지 2년째였던 1988년, 안동에서 검사 시보 생활을 마치고 다소 널널한 변호사 시보 생활을 하던 시기였습니다. 연수원 선배가 소개해 준 사회학과 여학생에게 호감을 느껴서 몇 번 만난 적이 있습니다. 인권 변호사가 되겠다는 나의 장래 계획을 들려주었다가 그만 차이고 말았습니다. 크게 상처를 받은 나머지 굳었던 결심마저 흔들렸습니다. 성찰의 일기를 쓰면서 마음을 다잡긴 했지만 말입니다.

> 나는 그녀를 몇 번 만나지는 않았으나 그 애에게 정이 들었는데, 막상 나의 인생 설계 때문에 그녀로부터 배척받았다고 생각하니, 과연 나의 인생 설계가 나에게 어떤 의미가 있는가를 생각하게 된 것 같다.
>
> - 1988년 4월 24일

사실 이런 고민은 연수원에 들어가던 첫 순간부터 시작되었습니다. 인권 변호사의 꿈을 가진 나에게 현직 임용만을 목표로 하는 연수원 분위기는 왠지 모를 이질감을 주었습니다.

본래 모르는 것이 너무 많았던 나는 연수원에 들어가고서야 법조계 분위기를 알게 되었던 것입니다. 연수생들 중 몇몇은 노골적으로 나를 멸시했습니다. 애써 모르는 척하였지만, 그들과 같은 길을 걷게 되기란 상상하기 어려웠습니다.

특히나 몇몇의 노골적인 멸시 태도를 보면 혐오감에 이어 자책감이 생기지 아니하는 것은 아니나, 오히려 그런 자들의 행태를 보고 나의 사고와 행동을 반성할 수 있다는 점에서 다행스러운 생각도 든다. 사회적 지위가 높은 사람보다는 인간적인 사람이 되어야겠다는 생각이 많이 든다. 사람이 되어야지 명사나 권력자가 되어서는 안 된다. 부끄럽지 않은 나의 행태에 대해서 결코 남의 눈을 의식하거나, 나아가 그로 인하여 내 행동에 제약을 느껴서는 더욱 안 된다.

- 1987년 4월 28일

성적이 나빴으면 아예 고민도 하지 않았을 텐데, 나는 현직 임용권 안에 드는 성적이었습니다. 그동안 나를 위해 헌신한 가족들의 경제적 문제도 자꾸 눈에 밟혔습니다. 엄혹한 군부 독재 정권하에서 인권 변호사가 되는 것은 그야말로 꽃길을 버리고 고생길을 자초하는 것이나 다름없었습니다.

우리 집을 생각해 보자. 집안 사정을 생각하면 임용받는 것이 나의 바른 처신이라 할 것이다. 그러나 고통받는 수많은 사람들을 팽개치고 그런 소아적인 망상에 사로잡혀 사는 것이 과연 타당한 것인가?

— 1988년 4월 24일

경제적인 이익과 안정적인 미래, 사회적 지위를 위해 판·검사가 되는 길도 상상해 보았습니다. 법복을 입고 있는 모습은 나에겐 영 어울리지 않았습니다. 잘 맞지 않는 옷에 몸을 꿰고 있는 사람처럼, 나에게 어울리지 않는 파티에 초대받은 사람처럼 어색하고 답답한 마음이 들었습니다.

현직에 간다는 것은 무엇을 의미하는가. 예정된 나의 인생 설계에 어떤 방식으로 조응할 수 있는가. 모두 소극적으로 사건이 배당된 다음에야 그 일을 할 수 있고, 막상 일이 내게 생긴다 하여도 나의 의지대로 할 수 있을 것인가의 문제가 있다. 결국은 사회적 지위라는 것 이외의 어떤 요소도 존재하지 않는 것이라 생각되는 것이다.

— 1988년 4월 24일

연수원 생활 동안 나에게 힘이 되어 준 사람들이 있었습니다. 노동법학회라는 스터디 모임이었습니다. 연수원에서 이 모임을 만난 것은 나에겐 큰 행운이었습니다. 노동자들을 위한 삶을 살겠노라는 결심으로 사법 연수원까지 들어왔지만, 인권 변호사가 되려는 꿈을 이루기에도 나는 모르는 것이 너무 많았습니다.

모르는 것이 너무 많았던 나에게 노동법학회는 너무나 소중한 모임이었습니다. 경제, 철학, 역사, 정치 등 무엇 하나 제대로 공부해 보지 못했던 나에게 학회 선배들과 친구들은 지식과 지혜를 한없이 나누어 주었습니다. 나는 노동법학회 모임을 통해 많은 것을 배웠고, 앞으로 가야 할 길을 준비할 수 있었습니다.

세월이란 참 빠르기도 하고나. 벌써 87년이 반이나 지나 버렸다니. 그동안 연수원 다니면서 벼라별 일이 다 있었지만, 내게 커다란 소득이 있다면 나와 뜻을 같이하는 수많은 사람들을 만나서 내 진로에 있어 튼튼한 의지할 벽이 생겼다는 점이겠다. 노동법학회, 기타 만나는 사람들. 더구나 이제는 좀 더 확고한 그릇으로 들어갈 수 있을 것 같다.

내가 이 시점에서 가장 절실히 해결해야 할 문제, 그것은 내 무식성의 탈피가 되겠다. 노동계 변호사로 내 직분을 다하고 나와 뜻이 같은 사람들과 굳건하게 연대하려면, 나는 나의 사회과학적 노동법적 무식성뿐 아니라 인격적인 부족을 잘 보충해 나가야 할 것 같다.

오늘 문병호 형을 만나서 장래 얘기를 하다가 참으로 귀한 얘기를 들은 것 같다. 이제 어쩌면 현직에 연연하지 아니하고 과감히 애초에 계획했던 길로 직진할 수 있을 것같이 생각된다. 수없이 많은 사람이 나의 지식과 자격을 필요로 한다. 역사가, 민족이, 노동자가, 핍박받고 가난한 민중이 나를 필요로 하고 있지 아니한가?

열심히 성실히 살리라. 한순간의 시간도 결코 허비하지 아니하고 나의 무식성을 탈피하는 데 귀히 사용하리라.

- 1987년 7월 14일

마지막으로 나의 마음을 결정하게 만든 사람은 셋째 형이었습니다. 그날은 마침 1988년 5월 18일이었습니다. 재선이형이 나에게 전화를 걸어와서는 "너의 뜻대로 살아가라"고 이야기해 주었습니다. 가족의 경제적 문제를 생각하지 말고 나의 초심대로 인권 변호사의 길을 가라는 이야기였습니다. 나는 그 길로 가슴 한구석을 짓누르던 돌덩이를 치웠습니다. 그리고 어디에서 무엇을 할 것인가, 어떤 방식과 경로를 거칠 것인가에 대한 구체적인 고민을 시작했습니다.

신록의 계절 5월, 동시에 피맺힌 5.18의 5월이다. 8년 전의 그 거대한 민주화를 지향한 민중의 함성이 군사 독재 정권의 무자비한 총, 칼, 몽둥이의 탄압에 의해 무참히 박살되던 그런 달이다. 이러한 달에 그리고 오늘의 상황에서 나를 한번 돌이켜 본다. 나의 지향점은 정해진 것인가.

조금 전에 재선 형이 내게 나의 뜻대로 살아가라는 취지의 전화를 하였다. 이제 남은 것은 어머님과 나머지 가족 그리고 기타 나를 아는 주위의 눈들, 그리고 가장 중요한 문제로서 나의 자신감과 신념이다. 사실이지, 이제는 내 마음이 어느 정도 안정이 되어 내 개인적이고도 소시민적인 만족을 위하여 현직으로 진출한다거나 변호사를 한다 할 경우에, 내 이기심을 충족시키기 위하여 살아간다는 생각은 많이 없어졌다. 다만 문제는 어떤 방식으로 변호 업무를 행해 나갈 것인가 하는 것이다.

- 1988년 5월 19일

누구보다도 간절하게 바라면서도 현실적인 형편으로 갈등

과 번뇌를 거듭해야만 했던 시간, 속 시원히 내 마음대로 선
택할 수만은 없었던 진로였습니다. 하지만 동료들과 가족들
의 도움으로 가슴속에만 품어 왔던 꿈과 바람은 조금씩 또렷
한 모습을 드러내고 있었습니다.

첫째로 나 자신이 어디에서 무엇을 할 것인가이다. 내가 일할 곳은 어쨌든
궁극적으로는 성남 지역이고 그 대상은 노동, 빈민 문제가 될 것이다. 둘째는 어
떤 방식으로 어떤 경로를 거칠 것인가이다. 현재는 나 자신이 개업할 경제적 능
력도 실력도 없는 상황이므로 일단은 타인에 고용되는 것이 바람직하다. 일을
배워야 하고, 어느 정도 법조 사회를 이해하고, 고객 관계를 해결하여야 하기
때문이다. 길게 잡아 3년, 짧게 잡아 1년 정도 걸릴 것으로 보인다.

- 1988년 5월 19일

성남은 나의 일생의 반을, 그것도 험한 세상을 겪은 곳으로서 나의 두 번째의
고향, 내가 다시 태어난 곳이기에 나는 성남을 사랑하며, 결코 이곳을 벗어날 수
없다. 나는 성남을 새로이 일으킬 것이며, 민주화의 기점으로 성장시킬 것이고, 나
는 성남 지역의 사랑받는 변호사가 될 것이다. 나는 결코 성남을 떠날 수 없다.

- 1988년 5월 19일

인권 변호사 시절의 이재명

몇 해 뒤 나는 약자를 돕는 성남의 인권 변호사가 되었습니다. 부정부패와 비리를 처단하는 시민운동가도 되었습니다. 세월이 흘러 성남을 일으키겠다는 30년 전의 다짐도 이루었습니다. 돌이켜 보면 정말이지 파란 많은 삶이었습니다.

좌절의 밑바닥에서야 비로소 싹트기 시작했던 희망의 씨앗.

숨이 턱에 차도록 페달을 밟으며 올라가야만 겨우 문이 열리곤 했던 운명의 고갯길.

얼마나 고생할지 전혀 모르고 뛰어들었기에 정상의 희열

을 맛볼 수 있었던 인생의 섭리.

생각보다 만만치 않았던 하산길과 계획을 바꾸어 쉼을 가져야만 한다는 깨달음.

40년 전부터 쌓여 온 추억들은 지금도 나의 머리와 심장 속에서 살아 숨 쉬고 있습니다. 이를 동력 삼아 나는 오늘도 여전히 앞으로 나아가고 있습니다. 소년 이재명처럼 소외받고 억울한 사람을 도우며 살아가겠다는 나의 꿈, 나의 바람을 이룰 수 있다면 언제까지든 어디서든 걸음을 멈추지 않을 것입니다.

소년공 이재명의 일기를 건네받은 것은 2017년 10월의 어느 날이었습니다. 저는 역사콘텐츠학을 전공하는 사람으로서 공식적인 기록보다 편지나 일기 같은 개인 기록에 많은 관심을 갖고 있습니다. 한 시대를 살아간 개인의 관점에서 쓰인 일기는 공식적인 기록들이 남길 수 없는 시대의 흔적을 기록하기 때문입니다.

그런 까닭에 1980년대 공장 노동자의 삶을 살다가 검정고시를 거쳐 대학에 장학생으로 입학을 하고, 사법 고시에 합격하여 인권 변호사의 길을 걷다 정치인으로 변신한 이재명이라는 사람의 10년 치 일기를 읽고 싶어졌습니다. 어린 시절

언니의 일기장을 훔쳐본 적은 있지만, 다른 사람의 10년 치 일기를 읽기란 쉽지 않은 기회이기 때문입니다. 작가이자 역사콘텐츠 전공자로서의 호기심이 발동한 것입니다.

사실 저는 이재명 성남시장이 일을 잘한다는 것은 인정하고 있었고, 촛불 집회에 누구보다 열심히 참석하는 것도 잘 알고 있었지만, 정치인으로서는 큰 관심이 없었습니다. 정치인 이재명으로부터 감동을 받은 것은 우연히 경선 캠프 해단식 동영상을 보게 되면서였습니다. 환한 웃음과 함께 "아무 준비도 없이 시작했는데 이만큼 잘했으니, 다음에는 더 잘하겠지요?"라면서 지지자들을 위로하였는데, 참으로 진솔하게 느껴졌습니다.

그 모습은 일기장 곳곳에서 발견되었습니다. 어린 시절 그는 좌충우돌 천방지축 실수도 많았지만, 날마다 일기장에 자신의 마음을 털어놓으며 반성하고 성찰하면서 좀 더 나은 내일을 결심하는 모습이 참으로 대견하였습니다.

한편 끝없는 절망의 순간들이 반복될 뿐, 희망의 실마리를 발견하기가 가물에 콩 나듯 했던 불우한 소년의 일기를 읽어나가기란 몹시 어려운 일이기도 했습니다. 저는 그의 마음을 읽어 내기 위해 그에게 완전히 감정 이입이 될 수밖에 없었습니다. 그가 일기에 토로했던 수많은 고통은 저의 마음과 뼛속 깊이 새겨졌습니다.

그러는 동안 이상한 일이 벌어졌습니다. 그의 일기를 읽고 정리하며 연재를 준비하던 작년 12월부터 저의 오른쪽 팔이 아프기 시작했다는 사실입니다. 첫 연재를 시작한 이후로도 계속 팔의 통증은 심해졌고, 아픈 팔을 달래 가면서 원고를 쓰는 작업은 너무나 어려웠습니다. 그러다가 문득 내가 이렇게 팔이 아프지 않았다면 산재로 다친 팔이 뒤틀리는 고통을 겪어야 했던 소년공 이재명의 마음을 이해할 수 없었을지도 모르겠다는 생각이 들었습니다. 아파 본 사람만이 아픈 사람의 마음을 이해할 수 있습니다. 그리고 아마도 연재가 끝나면 내 팔도 낫게 될 거라는 막연한 생각을 하게 되었습니다.

브런치 연재를 하는 기간도 쉽지만은 않았습니다. 지방 선거 기간과 맞물려 있었기 때문입니다. 저는 치열한 선거 국면에서 소년공 이재명의 일기를 읽고 브런치 연재를 해야 했습니다. 다행히도 진흙탕 같은 흑색 네거티브 속에서도 〈이재명의 나의 소년공 다이어리〉 연재는 잔잔한 감동을 전해 주며 100만 뷰를 기록하고 무사히 마쳤습니다. 신기하게도 팔의 통증 역시 멈추었습니다.

이제 소년공 이재명은 경기도지사가 되었습니다. 일기에서 발견한 모습들처럼 한 단계 한 단계 나아갈 때마다 모르는 것이 너무 많아서 당황하기도 하고(알아야 될 것이 무엇인지를 빨리 파악한다는 뜻입니다), 실수를 저지르며 좌절에 빠지기도 할 것입니다(절대로 복지부동은 하지 않는다는 뜻입니다). 그렇지만 어린 시절부터 항상 그래 왔던 것처럼 문제에 직면하여 가장 효율적인 해결 방법을 찾아낼 것이며, 결국 아무도 상상하지 못했던 결과들을 이루어 낼 것이라고 생각합니다.

이 한 권의 책은 소년공 이재명의 10년 치 일기를 토대로 스토리텔링하여 써진 것입니다. 갈림길에 선 채로 어린 소년공 이재명을 안아 주는 모습을 그린 마지막 삽화가 생각납니다. 앞으로도 수많은 갈림길에 놓이겠지만 어린 시절 품었던 초심을 간직하기를, "경기도지사 한 번 더 했으면 좋겠다"는 이야기를 도민들로부터 두루 듣게 되기를 기대하고 응원합니다.

이재명의
나의 소년공 다이어리

개정판 1쇄 발행 2021년 7월 22일
개정판 4쇄 발행 2024년 7월 20일

지은이 이재명 조정미

펴낸이 박세현
펴낸곳 팬덤북스

기획 배수용
일러스트 안다연

기획 편집 곽병완
디자인 김민주
마케팅 전창열

주소 (우)14557 경기도 부천시 조마루로 385번길 92 부천테크노밸리유1센터 1110호
전화 070-8821-4312 | **팩스** 02-6008-4318
이메일 fandombooks@naver.com
블로그 http://blog.naver.com/fandombooks

출판등록 2009년 7월 9일(제386-251002009000081호)

ISBN 979-11-6169-174-9 (03300)